Roger Büdeler

Pirineos 3

Pirineo Oriental español: de la Val d'Aran a Núria (con Andorra)

51 rutas selectas por valles y montañas

ROTHER • MÚNICH

ROTHER Guías excursionistas

Prólogo

El Pirineo Oriental español no es una región montañosa homogénea con un perfil claro. Detrás de su vaga delimitación territorial se esconde una gran variedad de paisajes independientes de valles y montañas con una enorme riqueza de formas. Agujas dentadas de granito sobre relucientes lagos, escarpadas paredes de caliza con lomas cársticas y pirámides rojas de pizarra en medio de verdes praderas: estas son solo algunas de las referencias de los diversos paisajes montañosos que se presentan con todos sus matices durante las rutas.

El atractivo más destacado del Pirineo Oriental español es el concurrido Parque Nacional de Aigüestortes y Estany de St. Maurici. La peculiar fascinación paisajística que provoca se debe a los incontables y pintorescos lagos de montaña y a sus pequeños e idílicos valles, que tienen como telón de fondo escabrosos castillos de roca y crestas y cumbres con dientes afiligranados. Quien alguna vez haya escalado las solitarias cumbres o caminado por los tranquilos valles secundarios, apartado de los dos o tres tramos principales y pasando por elevados puertos de un paraíso lacustre a otro, habrá quedado inevitablemente embriagado. Sin embargo el Parque Nacional es tan solo una parte del variopinto mosaico del que se compone esta zona de senderismo. El excursionista sentirá no menos entusiasmo con la Sierra de Cadí, en la que escarpadas paredes rocosas aparentemente inaccesibles se alzan por encima de verdes praderas y faldas boscosas para culminar en un techo suavemente curvado; o con la aislada Vall de Ferrera, con el impresionantemente bello macizo de la Pica d'Estats, y también con Andorra, en la que –alejados del ajetreo del valle principal– podemos disfrutar de los oasis de senderismo más hermosos, de coloridos valles cubiertos de flores y de encantadores lagos en un magnífico entorno montañoso.

Este tercer volumen de la guía excursionista de los Pirineos conecta con el Macizo Central español. Comienza con la Val d'Aran y sigue por la cresta principal de los Pirineos incluyendo la Sierra de Cadí, situada en el Prepirineo, hasta la Vall de Núria, cuyas montañas rozan los tres mil metros de altura. Más al este los Pirineos descienden rápidamente al nivel de media montaña para finalmente adquirir un carácter marcadamente mediterráneo en la Sierra de la Albera.

El senderista al que le guste explorar dispone de una buena red de caminos que comprende el célebre GR-11 y sus variantes, además del camino panorámico de los Pirineos, más exigente. Los numerosos senderos locales también ofrecen interesantes oportunidades para empaparse a fondo de la cultura y paisaje de la zona.

Primavera de 2012   Roger Büdeler

Índice

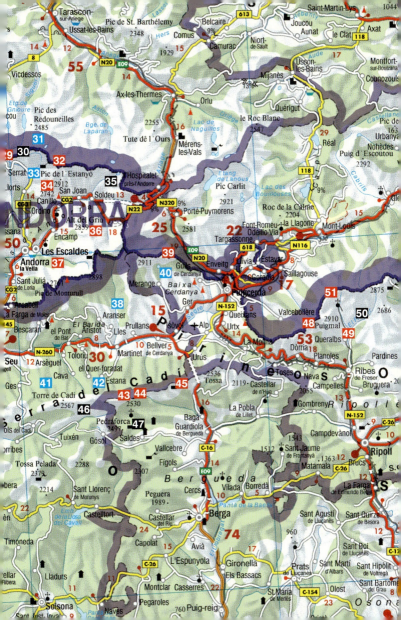

Consejos prácticos

Cómo utilizar esta guía
A las descripciones de las rutas les precede la información más importante que se necesita para evaluar y realizar la ruta. La descripción del trazado de la ruta está encabezada por una pequeña característica de la ruta. El propio recorrido de las rutas es conciso en su mayoría, especialmente cuando hay caminos y señalizaciones visibles. El trazado de las rutas aparece marcado en los mapas parciales a color y un perfil orográfico sirve como orientación para los ascensos y descensos, así como para los puntos destacados durante la ruta. Todos los destinos, puntos de inicio, refugios y localidades relevantes para la ruta aparecen en el índice alfabético. Al final de la guía hay un pequeño diccionario con las palabras catalanas que el senderista de montaña se encontrará con más frecuencia. Un mapa general (pág. 6/7) informa sobre la ubicación de las rutas de senderismo.

Dificultad
La señalización y el estado de los senderos de los Pirineos no pueden compararse con los de los Alpes. Una excepción son los senderos GR (Gran Recorrido, señalizados en rojo y blanco) y los senderos PR (Pequeño Recorrido, en amarillo y blanco) y, por supuesto, las rutas clásicas más frecuentes por caminos bien batidos. Dejando esto aparte, hay que prestar atención a los hitos –con mejor o peor ubicación– y tener en cuenta que este tipo de señalización se destruye rápidamente debido a desprendimientos de piedras, nieve o animales. En algunos tramos también es necesario orientarse por terreno sin camino, ya que a veces las cañadas pueden desviarnos de la ruta. Un sentido de la orientación experimentado es por tanto el mejor requisito y, en algunas rutas de dificultad media o alta, incluso imprescindible. Puesto que vamos a caminar por alta montaña del sur, ha de prestarse

Símbolos

🚌	accesible en tren/autobús	🅿		aparcamiento
🍴	bar/restaurante por el camino	†		cumbre
👫	apto para niños	)(		puerto, collado
🏘	población con bar/restaurante	⚱		iglesia, ermita, santuario
⬛	bar/restaurante, refugio guardado	⬛		castillo, palacio, ruinas
⌂ ⌂	refugio, cobertizo	🎋		área recreativa
🚌 🚋	conexión de autobús o tren	✺		mirador
🚡 🚡	teleférico / telesilla	🚞		funicular

Amenaza tormenta sobre el Pedraforca (ruta 47).

especial atención a las condiciones climáticas. En verano no deben subestimarse bajo ningún concepto el calor y la radiación solar, sobre todo durante recorridos largos y sin sombra. Una provisión de agua adecuada es indispensable para cualquier ruta, ya que en pleno verano las fuentes se secan con facilidad. La numeración a color de las rutas de senderismo indica el grado de dificultad para el senderista (véase la explicación de los grados más abajo). Las clasificaciones »negras« no significan sistemáticamente que el trazado de la ruta sea difícil en su totalidad. Este puede incluir etapas que merezcan la pena y se correspondan con una ruta »azul« independiente. Se advertirá sobre ello en las rutas correspondientes.

Fácil Ruta fácil sin peligro por caminos y senderos visibles y con señalizaciones claras en su mayor parte. La longitud se mantiene dentro de los límites y la pendiente es generalmente moderada. Los desniveles de mayor importancia se reparten por un tramo más largo, por lo que también se puede seguir bien el ritmo con un menor grado de forma física.

Media Rutas de dificultad media que, debido a la longitud y a las pendientes más fuertes y continuas, requieren cierta exigencia en cuanto a fuerza, forma física y resistencia. Los caminos no siempre están señalizados y en algunas partes se pierden. Incluyen tramos expuestos y partes breves en las que hay que trepar; de vez en cuando hay que superar trechos por bloques de roca que requieren caminar con seguridad y tener sentido de la orientación.

Terreno »negro«: empinada ladera pedregosa hasta el Pic de Subenuix (ruta 19).

■ **Difícil** Rutas difíciles que solo deben realizar senderistas de montaña con experiencia y buena condición física que caminen con absoluta seguridad, no padezcan vértigo y tengan sentido de la orientación. Además de desniveles muy grandes pueden presentarse ascensos empinados y duros y partes del camino expuestas, incluso pasajes en los que haya que escalar un poco (grado de dificultad máximo I-II).

Red de caminos

A pesar de su desarrollo y mantenimiento, la red de caminos de los Pirineos no está ni con mucho al cómodo nivel de los Alpes. Aquí no podemos esperar que los indicadores nos sirvan de guía todo el tiempo. A cambio, los caminos a menudo cuentan con el atractivo de poder mirar alrededor de vez en cuando y de orientarse por el paisaje. Incluso los senderos de Gran Recorrido (GR) ofrecen ocasionalmente una señalización pobre y escasa. A veces los puentes sobre los arroyos están formados por troncos de árbol sueltos o por un sencillo tablón de madera. En los Pirineos no está garantizada una caminata libre de sorpresas, pero esto tampoco es siempre así. La mayoría de los senderos que aparecen en esta guía está bien acondicionada, cuidada y cuenta con una señalización suficiente y segura. Los senderos de Gran Recorrido (GR), incluidas sus variantes, están señalizados en rojo y blanco y los de Pequeño Recorrido (PR), en amarillo y blanco.

Las mejores rutas del Pirineo Oriental español

Ruta circular por el Circ de Colomèrs

Una docena de los 200 lagos glaciares del Parque Nacional en un anfiteatro de piedra. ¡El »país de los lagos« en el mínimo espacio! (ruta 6; 4¾ h).

Pic d'Amitges

Primero por la maravillosa Vall de Gerber para después subir al agreste paisaje montañoso que rodea Amitges y finalizar coronando la cumbre (ruta 10; 5¾ h).

Portarró d'Espot

La apacible Reserva Natural del célebre Aigüestortes como preludio del puerto que antaño fue el paso clásico entre los valles de Boí y Espot (ruta 13; 5¼ h).

Vall y Pic de Subenuix

Puro contraste. Primero un pintoresco valle para andar tranquilamente, después nada más que roca en todas sus formas. El mágico paisaje montañoso alrededor del Pic de Subenuix ofrece numerosas ocasiones para asombrarse y una porción de desafío deportivo (ruta 19; 6½ h).

Pòrt y Tuc de Ratera

Ya sea desde el este o el oeste, la llegada a este importante cruce de caminos en el corazón del Parque Nacional de Aigüestortes y Estany de St. Maurici es una experiencia de ensueño para el senderista. No se puede tener más fácil un espectáculo de cumbres como desde el Tuc de Ratera (ruta 20; 6¼ h).

Estanys de Baiau

La Vall de Ferrera en toda su bella soledad. Si hacemos vivac en el tranquilo lago se puede pasar a Andorra y subir a la cima más alta del diminuto Estado (ruta 26; 5¼ h y ruta 28; 8¼ h).

Vall de Sorteny y Pic de la Serrera

Excursión por el »valle de las flores« en la que casi se podría olvidar la cumbre con su magnífica panorámica (ruta 32; 7 h).

Estanys de Juclar y Pic d'Escobes

A través de un plácido oasis hasta un lago de montaña con una magnífica ubicación en medio de roca de gneis. La siguiente ruta al escarpado »diente« de Andorra ofrece variedad deportiva y un paisaje de cumbres excepcional (ruta 35; 7¾ h).

Comabona

Ascenso por el techo plano de la Sierra de Cadí. Vista de toda la gama paisajística de la sierra hasta los cercanos Pirineos (ruta 44; 3½ h).

»Camí Vell« de Queralbs a Núria

El antiguo camino de peregrinación hasta el famoso santuario supone toda una experiencia a los pies de imponentes paredes de barrancos y estrepitosas cascadas. Mientras desciende, el tren de cremallera muestra el valle desde otro ángulo (ruta 49; 3¼ h).

Peligros

Los ascensos a cumbres y rutas en zona de alta montaña suelen discurrir por terreno exigente en el que hay que contar con caminos expuestos, laderas pedregosas y empinadas y barreras de bloques de roca. En este caso es imprescindible caminar con seguridad y tener experiencia. Por otra parte, puede resultar delicado cruzar arroyos sin pasarela o puente, sobre todo en épocas de deshielo. Las piedras resbaladizas y sueltas pueden suponer un gran peligro, al igual que la madera húmeda; en caso de duda es mejor cruzar descalzo, siempre que la profundidad del agua y la corriente lo permitan.

Refugio de metal en la Vall de Gerber (ruta 10).

Los cambios meteorológicos rápidos con descensos importantes de temperatura, la nieve, la niebla y el fuerte viento tampoco son raros en el »soleado sur« de los Pirineos y por tanto es necesario llevar el equipo correspondiente para protegerse con eficacia. Debido a su ubicación y altitud, las cordilleras y macizos aislados de la cresta principal, como la Sierra de Cadí o el Parque Nacional de Aigüestortes y Sant Maurici, se convierten en ocasiones en el centro de las típicas tormentas veraniegas. Para protegerse contra sorpresas peligrosas lo mejor es planificar cuidadosamente la ruta, prestar atención a la información meteorológica y salir temprano.

Equipo

En todas las rutas se requiere el equipo para senderismo habitual: calzado fuerte y ropa funcional. Este equipo debe ser cómodo si hace calor y al mismo tiempo proteger contra la lluvia, el frío y el viento. En verano se recomienda encarecidamente utilizar protección solar y ropa adecuadas. Los bastones de senderismo resultan muy útiles en terreno empinado y pedregoso y también para cruzar arroyos. Es muy importante –sobre todo en rutas largas y en alta montaña– llevar suficiente agua y provisiones de comida, incluso aunque haya un refugio con guarda en el camino. Por otra parte unos buenos mapas tampoco pueden faltar en la mochila.

Mapas

El Instituto Cartográfico de Cataluña ha elaborado mapas de senderismo con el nombre de »Mapa excursionista. PIRINEUS«. Sin embargo, su escala de 1:50.000 limita la orientación en el terreno. Una alternativa son los mapas de senderismo de la serie Editorial ALPINA con escalas de 1:40.000 y 1:25.000. Por lo general son fáciles de conseguir incluso en las localidades más pequeñas, a menudo en tiendas de revistas o kioscos. Se cita el mapa correspondiente para cada ruta.

Duración

Naturalmente, los tiempos de marcha indicados son solo cifras aproximadas, la duración real de la ruta depende de la condición física del senderista y de la situación meteorológica. Lo que se calcula aproximadamente es el tiempo de marcha sin paradas con un ritmo medio. Las rutas en las que es difícil encontrar el camino o que requieren orientación se miden de forma más amplia.

Refugios (refugis)

En toda la zona de senderismo hay numerosos refugios bien ubicados, en su mayoría gestionados por asociaciones de montaña catalanas. Por lo general están abiertos durante el periodo estival, de junio a septiembre, y cuentan con guarda. En mayo y octubre, dependiendo de las condiciones meteorológicas y de la nieve, solo abren los fines de semana. Puesto que por experiencia sabemos que la mayoría de los refugios tiene una alta ocupación en temporada alta, siempre es conveniente reservar con antelación. Fuera de la temporada de verano, el senderista dispondrá generalmente de un reducido número de plazas libres para pasar la noche en refugios sin guarda. En este caso la comida ha de organizarse de manera individual. En Andorra hay un gran número de refugios bastante cómodos con régimen de autoabastecimiento.

Refugios (refugis) con guarda en la zona de senderismo

Información general

www.refugiosyalbergues.com (también en francés e inglés): página muy buena y actualizada continuamente.

Andorra

www.andorratoerisme.com (en alemán, neerlandés y francés): directorio completo de refugios con información detallada.
– Ref. de Coma Pedrosa, 2.224 m: (60 plazas) Tel. (00376) 327 955 (www.andorra.com)

Val d'Aran

– Ref. Restanca, 2.010 m: (80 plazas) Tel. 608 036 559 (www.restanca.com)
– Ref. de Colomèrs, 2.138 m: (40 plazas) Tel. 973 253 008 / 973 252 000 (www.refugicolomers.com)
– Ref. de Saborèdo, 2.299 m: (21 plazas) Tel. 973 253 015 / 973 252 463

Parque Nacional de Aigüestortes y Estany de St. Maurici

– www.refusonline.com. Central General de Reservas: Tel. 973 641 681, lacentralderefugis@lacentralderefugis.com
– Ref. Ventosa i Calvell, 2.215 m: (70 plazas) Tel. 973 641 681 (www.refugiventosa.com)
– Ref. d'Amitges, 2.366 m: (74 plazas) Tel. 973 250 109 (www.amitges.com)

– Ref. Ernest Mallafré, 1.893 m: (24 plazas) Tel. 973 250 118 / 973 250 105 (www.feec.org)
– Ref. J. M. Blanc, 2.318 m: (40 plazas) Tel. 973 250 108 (www.refugijmblanc.com)
– Ref. de Colomina, 2.420 m: (40 plazas) Tel. 973 252 000 / 973 681 042 (www.feec.org)
– Ref. d'Estany Llong, 1.987 m: (49 plazas) Tel. 973 299 545 (www.feec.org)

Vall Cardós y Vall Ferrera

– Ref. de la Pleta del Prat, 1.720 m: (60 plazas) Tel. 605 645 956 (www.tavascan.net/refugi.htm)
– Ref. de Vallferrera, 1.905 m: (60 plazas) Tel. 973 624 378 y 669 532 513 (www.feec.org)

Cerdanya y Parque Natural de la Sierra de Cadí-Moixeró

– Ref. de Malniu, 2.138 m: (32 plazas) Tel. 616 855 535 (www.refugimalniu.com)
– Ref. Prat d'Aguiló, 2.020 m: (38 plazas) Tel. 639 714 087 (www.feec.org)
– Refugi Lluís Estasen, 1.668 m: (87 plazas) Tel. 608 315 312 (www.feec.org)

Vall de Núria

– Ref. de Coma de Vaca (»Manelic«), 1.995 m: (42 plazas) Tel. 972 198 082 / 936 824 237 (www.comadevaca.com)

Vall de Gerber.

Cómo llegar

En la mayoría de las rutas hay que llevar un coche propio. Solo hay conexiones de autobús en las localidades más importantes de los valles principales y sus horarios son muy limitados. Los valles de montaña más pequeños suelen estar conectados con los valles principales por buenas carreteras, aunque en ocasiones solo puede llegarse a los puntos de inicio por (largas) pistas o calzadas en condiciones muy diferentes. A veces hay que contar con hondonadas y grandes baches que pueden afectar a la conducción. Sin embargo, por las calzadas indicadas se suele poder circular –prestando la atención debida– con un coche no demasiado bajo. Quien busque la comodidad puede hacer que un taxi 4x4 le lleve hasta el punto de inicio y le recoja. Las oficinas de turismo ofrecen más información al respecto. En los bares de la zona a menudo se encuentran carteles o se puede preguntar.

■ Parque Nacional de Aigüestortes y Estany de Sant Maurici

El acceso al Parque Nacional y a ciertas zonas limítrofes suele estar prohibido. Normalmente circulan taxis 4x4:

— Región de Aigüestortes: el punto de inicio es Boí (plaza mayor), Tel. 973 696 314. Viaje hasta Aigüestortes.

— Región de Estany de St. Maurici: el punto de inicio es Espot (entrada al pueblo), Tel. 973 624 105. Viajes hasta Estany de St. Maurici, Refugi d'Amitges y Estany Tort de Peguera.

— Refugi Restanca: el punto de inicio es el aparcamiento obligatorio en Pònth deth Ressèc. Viaje hasta Pontet de Rius.

— Refugi Colomèrs: el punto de inicio es el aparcamiento obligatorio en Banhs de Tredòs. Viaje hasta el refugi-sendero.

■ Vall de Núria

Por el tramo Ribes de Freser – Queralbs – Santuari de Núria circula un tren cremallera. Desde Queralbs 7:49 y 9:40 horas, después cada 50 minutos (ultima actualización 2010. En temporada baja la frecuencia es menor). Véase el horario actual en: www.valldenuria.com, vínculo cremallera. Tel. 932 051 515.

Protección de la naturaleza

Durante cualquier ruta hay que tener en cuenta las reglas de comportamiento de validez general sobre la protección de la montaña. En el Parque Nacional de Aigüestortes y Estany de Sant Maurici y en el Parque Natural de la Sierra de Cadí-Moixeró rigen reglamentos especiales. Los carteles informativos en los senderos y límites del parque dan información sobre estas medidas de protección. Las oficinas de turismo tienen folletos informativos.

Senderos de Gran Recorrido

El GR-11 (Sendero de Gran Recorrido) que discurre por el Pirineo Español entre el Mediterráneo y el Atlántico suele estar muy bien acondicionado y cuidado. Este sendero cruza las comarcas y localidades de más belleza paisajística combinando de forma ideal caminos panorámicos y de valles, normalmente como preludio de la cresta central pirenaica. Cada una de las etapas de senderismo ha de medirse de modo que se pueda llegar cómodamente a los refugios o alojamientos del camino. El GR-11 está dirigido a senderistas de montaña con experiencia y en verano, en circunstancias normales, no requiere un equipamiento especial como crampones o piolets. Con frecuencia los tramos del camino conducen únicamente hasta alturas medias y muy pocas veces hasta cumbres, por lo que el GR-11 o algunos tramos normalmente pueden transitarse de primera a última hora durante la temporada. También son muy interesantes sus numerosas variantes, por las que se puede recorrer una zona con más intensidad.

La ARP (Alta Ruta Pirenaica) –en el Pirineo francés HRP (*Haute Randonnée Pyrénéenne*)– es un atractivo camino de alta montaña que discurre a ambos lados del Macizo Central reservado a senderistas de montaña con experiencia. De vez en cuando hay que pasar por terreno sin camino y expuesto hasta alturas de casi 3.000 m.

Los senderos PR (Pequeño Recorrido), que exploran zonas de senderismo más pequeñas, se están consolidando cada vez más en Cataluña y suelen ser un buen complemento para el GR.

Consejos para grandes recorridos

Las rutas de senderismo de varios días por puertos y valles se pueden combinar de muchas formas gracias a una buena red de caminos. La ruta circular por refugios »Carros de Foc« a través del Parque Nacional de Aigüestortes y Estany de Sant Maurici (ruta 11) es de una belleza paisajística excepcional. La variedad de senderos hace que surjan hermosas combinaciones. Andorra cuenta con una gran densidad de refugios sin guarda, generalmente muy solventes y cómodos, lo que permite realizar diversas e interesantes travesías.

Estany Trullo (ruta 17).

Senderismo en el Pirineo Oriental español

Geografía

El Pirineo Oriental español no puede delimitarse con demasiada exactitud del Macizo Central. Esta guía excursionista abarca los Pirineos situados en la provincia de Cataluña, que comienzan al este del imponente macizo de la Maladeta con la Val d'Aran, que se extiende hacia el norte. Su límite meridional es el Parque Nacional de Aigüestortes y Estany de St. Maurici, que discurre por la cresta principal de los Pirineos; al este del río Noguera Pallaresa se ramifican los valles escarpados de Cardós y Ferrera con el macizo de la Pica d'Estats, que con 3.143 m es la cumbre más alta de la cordillera catalana. Aunque políticamente el Principado de Andorra ocupa una posición privilegiada, sus montañas pertenecen al eje central pirenaico. La Sierra de Cadí, que comienza al sur de Andorra, tiene un origen geológico más reciente y está separada de la cresta principal por una fosa tectónica entre la Seu d'Urgell y Puigcerdà. Al otro lado de la gran depresión de Puigcerdà y Font-Romeu, alrededor de la Vall de Núria los Pirineos se alzan de nuevo hasta casi los 3.000 m y después del Pic de Costabona descienden vertiginosamente hasta media altura. Aquí las elevaciones pierden considerablemente su carácter de alta montaña.

Pino negro en la Vall de Subenuix.

Flora

De acuerdo con la orientación de los valles y la altura de la montaña, en cada una de las regiones montañosas domina una vegetación de lo más variada. Pinos silvestres, pinos negros y abetos son los principales representantes de las coníferas, mientras que entre los árboles caducifolios predominan el haya y el roble; en ocasiones también se encuentran arces silvestres. En cuanto a la cubierta herbácea destacan el boj común, el enebro, el arándano, el brezo y la rosa alpina, que suele crecer en zonas graníticas. La variedad y la –ocasional– gran densidad de flores es enorme y aquí no puede más que vislumbrarse. Junto a especies endémicas como la ramondia florecen el crocus, el martagón, el diente de perro, el ranúnculo del Pirineo, la arnica, el acónito, el narciso blanco, la dedalera, la valeriana pirenaica y diversos tipos de genciana, prímula y saxífraga. Con respecto a la variedad floral, la protegida Vall de Sorteny, en el valle andorrano de Ordino, resulta extraordinaria. En esta zona relativamente pequeña crecen más de 100 especies diferentes que, dependiendo de la época del año, caen por las laderas como si de una colorida alfombra se tratara.

Fauna

En el Pirineo catalán hay muy pocas especies típicamente mediterráneas. Entre los mamíferos la gamuza está muy extendida en las zonas de alta montaña, junto a esta también pueden verse marmotas. El corzo y el ciervo común no son frecuentes, aunque su número va aumentando poco a poco. Con algo de suerte en muchos bosques se pueden encontrar martas. En cuanto a los anfibios, el tritón pirenaico es endémico. Los reptiles están representados por la culebra verdiamarilla y en ocasiones también por la víbora áspid y diversos tipos de lagartos. En los numerosos –aunque a menudo oligotróficos– ríos viven truchas, barbos de montaña y piscardos.

Por el contrario las aves son muy variadas. En lo que respecta a las aves de presa, que encuentran buenas condiciones de vida en las escarpadas paredes rocosas y profundos valles, destacan el buitre leonado y

el quebrantahuesos, así como el águila real y el águila culebrera europea. Del amplio abanico de otras especies de aves cabe mencionar el urogallo, la perdiz pardilla, el treparriscos, el mirlo capiblanco, el mirlo acuático europeo, el piquituerto común, el roquero rojo, el verderón serrano, las chova piquigualda y piquirroja –ambas muy escandalosas– y el pito negro, poco frecuente en el resto de España y símbolo del Parque Natural de Cadí-Moixeró.

Parque Nacional y Reservas Naturales

El Parque Nacional de Aigüestortes y Estany de St. Maurici se fundó en 1955 en una superficie de más de 10.000 ha. Actualmente ocupa la zona principal protegida, que está rodeada por una zona periférica sujeta a disposiciones de protección parcial, como limitaciones de acceso. Las formas glaciares que caracterizan la región fueron decisivas para la creación del Parque Nacional. Estas pueden estudiarse en toda la zona de senderismo: en las refinadas formaciones graníticas, en los valles con forma de U y, sobre todo, en los lagos situados a gran altura. Estos lagos, con grandes diferencias en cuanto a profundidad y tamaño, se deben al glaciarismo, que dejó a su paso cubetas que más tarde se llenaron con el agua procedente del deshielo de estos glaciares.

Cartel a la entrada del Parque Nacional.

Los valles del Riu de Sant Nicolau al oeste y del Riu Escrita al este, comunicados por el puerto de Portarró d'Espot, fueron durante mucho tiempo el acceso más cómodo a la sierra aislada por elevadas y escarpadas cadenas montañosas. En la actualidad siguen siendo el acceso más usado y regulado para practicar senderismo en el Parque Nacional.

El Parque Natural de Cadí-Moixeró se fundó en 1983 sobre una superficie de más de 41.000 ha. Su extensión actual incluye la Sierra de Cadí, la Sierra de Moixeró, el macizo del Pedraforca y partes de los macizos de Tosa d'Alp y de Puigllançada. En el Parque Natural rigen directrices para la protección de la naturaleza y condiciones de utilización especiales que en cierto modo contribuyeron a conservar las bonitas zonas boscosas de la parte norte de la Sierra de Cadí en materia forestal. La sierra se formó en una época geológicamente más reciente que la cresta principal pirenaica y también está separada geográficamente de esta por una pronunciada depresión. Llama la atención el marcado contraste entre los escarpados flancos de caliza en el frente norte y las laderas del sur, con pendientes más suaves. Este contraste se manifiesta de forma especial en la zona más estrecha de la Sierra de Cadí.

Parc Nacional d'Aigüestortes i Estany de St. Maurici

Además de pequeñas oficinas de información, el Parque Nacional cuenta con dos centros de información centrales en Boí y Espot:
Ca de Simamet: C/ de les Graieres 2, 25528 Boí. Tel. 973 696 189.
Casa del Parc: C/ de sant Maurici 5, 25597 Espot. Tel. 973 624 036.
Horario: 9–13 h y 15.30–19 h (cada día del 1 de abril al 31 de octubre).
Internet: www.parcsdecatalunya.net.

Parc Natural Cadí-Moixeró

El centro de información de la administración del Parque se encuentra en Bagà: Carrer de la Vinya 1, 08695 Bagà. Tel. 938 244 151.
Horario: Lu.–Vi. 9–13.30 h y 15.30–18.30 h. Horario limitado los sábados y domingos.
Además hay oficinas de información locales en Bellver de Cerdanya (ayuntamiento, Plaça de Sant Roc. Tel. 973 510 016) y Tuixén (ayuntamiento. Tel. 973 370 030).
Internet: www.parcsdecatalunya.net.

Deportes al aire libre en el Pirineo catalán

Barranquismo

Las posibilidades de practicar este deporte acuático de montaña son numerosas: los barrancos más bellos se encuentran en las regiones prepirenaicas, entre ellos destacan clásicos como el Barranc de l'Infern, Viu de Llevata, Gorgas de Gavarra, Gorga de St.Aniol y Gorgas de Núria. En las localidades de los valles más grandes se organizan rutas guiadas.

Escalada

En todas las regiones, en la sierra central y en los Prepirineos, dominados por la roca caliza y con magníficas paredes, se pueden hacer interesantes rutas de escalada hasta el grado de dificultad máximo. Las escarpadas »agulles« divididas por brechas del Parque Nacional de Aigüestortes y Estany de St. Maurici suponen un reto especial. Entre los escaladores también son conocidas las Roques de Totlomón en la Vall de Núria. Las vías ferratas están menos extendidas. Puede recabar más información consultando a los organizadores de rutas o guías de montaña de la zona o en las oficinas de turismo.

Rutas en bicicleta o bicicleta de montaña (BTT)

Muchos puertos de las estribaciones de los Pirineos son un popular destino para los ciclistas, como es el caso del Coll del Cantó entre Sort y La Seu d'Urgell. El célebre puerto de alta montaña de Port de la Bonaigua, que comunica la Val d'Aran con Pallars Sobirá, supone todo un desafío. Hay muchas pistas forestales y calzadas en las que se pueden hacer rutas en bicicleta de montaña con magníficas vistas. Con el tiempo se han ido marcando y señalizando muchos tramos. Las oficinas de turismo suelen tener mapas para hacer rutas en BTT.

Esquí y senderismo con raquetas de nieve

El centro para practicar esquí es Andorra. En casi todas las partes del país hay estaciones de esquí con grandes telesillas y numerosas pistas acondicionadas. Fuera de Andorra las posibilidades son más bien discretas. Cabe destacar Super Espot en la linde del Parque Nacional, Baqueira Beret en la Val d'Aran y Super Molina, en el extremo noreste de la Sierra de Cadí. En la Vall de Núria también hay algunas estaciones de esquí y pistas acondicionadas. Los aficionados a las rutas de esquí encontrarán en todas partes fantásticas posibilidades para hacerlas en el entorno montañoso más bello, incluyendo bonitas rutas a cumbres. Lo mismo puede aplicarse al senderismo con raquetas de nieve, cada vez más popular, que también puede practicarse en muchas de las rutas de esta guía. Sin duda, uno de los platos fuertes para hacer largas rutas de esquí es la zona del Parque Nacional de Aigüestortes.

Torrentes

El kayak y el rafting son muy populares y están ampliamente extendidos en el Pirineo catalán. El Noguera Pallaresa al sur de Llavorsí es uno de los ríos más frecuentados, incluso cuenta con una regulación expresa para navegar por él. Las dos localidades de Sort y Llavorsí son un animado centro para practicar estos solicitados deportes de agua.

Información y direcciones

Información
Algunas de las siguientes direcciones de Internet también tienen páginas en inglés o alemán.

- Oficinas de turismo generales:
  - Torisme Val d'Aran: Ctra. De Gausach 1, 25530 Vielha; Tel. 973 640 688; torisme@aran.org; www.conselharan.org
  - Patronat de Turisme de Terres de Lleida: Rambla Ferran 18, 25007 Lleida; Tel. 973 245 408; lleidatur@lleidatur.es; www.lleidatur.com
  - Sindicat d'Iniciativa-Oficina de Turisme: C/Doctor Vilanova s/n, Andorra la Vella; Tel. (376) 820 214; sindicatdiniciativa@andorra.ad; www.turisme.ad
  - Patronat de Turisme Costa Brava Girona: Emil Grahit 13–15, 17002 Girona; Tel. 972 208 401; costabrava@costabrava.org; www.costabrava.org
- Direcciones para información sobre senderismo en general:
  - www.pirineos3000.com / http://senderisme.turismedecatalunya.com
- Direcciones regionales:
  - www.bienestarvaldaran.com / www.visitvaldaran.com
  - www.hola-andorra.com / www.andorratoerisme.com
  - www.cerdanyaonline.com
  - www.valldenuria.com

Salvamento en montaña
Número de emergencias: 112. También tienen competencia: Bombers (bomberos) Tel. 085 (Andorra: Tel. 118) y Mossos d'Esquadra (policía) Tel. 088 (Andorra: Tel. 110).

Camping y acampada libre
Hay numerosos campings de distintas categorías y suelen estar abiertos de junio a septiembre, algunos incluso todo el año. En el Parque Nacional de Aigüestortes y Estany de St. Maurici en principio está prohibida la acampada; en el Parque Natural de Sierra de Cadí-Moixeró, solo se puede acampar en las zonas indicadas y con permiso de la administración local pertinente.

Vacaciones, días festivos y fiestas
El principal periodo de vacaciones se concentra en el mes de agosto. Aquí hay que contar con la elevada ocupación de los campings y refugios con guarda. Además, en Semana Santa hay una semana de vacaciones. Por otra parte, hay multitud de fiestas en los pueblos por diversos acontecimientos. Cada localidad organiza sus propias fiestas con comida, música y baile. En las oficinas de turismo se pueden encontrar calendarios con las fiestas correspondientes.

Horarios comerciales

Las tiendas suelen abrir de lunes a sábado entre las 10 y las 14 horas y las 17 y las 20 horas. Las panaderías también tienen costumbre de abrir los domingos por la mañana.

Mejor época del año

Debido a las cálidas temperaturas y a unas condiciones meteorológicas equilibradas, mayo y junio y septiembre y octubre son unos meses muy agradables para practicar senderismo. Dependiendo de la duración y la intensidad de las nevadas durante el inverno, a principios de verano hay que contar con restos de nieve a ciertas alturas y exposiciones. En pleno verano el clima cálido domina a partir de mediados de julio y en agosto. A finales de verano las condiciones meteorológicas suelen ser estables con temperaturas equilibradas, pero a partir de la segunda mitad de octubre puede darse un tiempo muy varia-

Vall de Sorteny (ruta 32): un mágico jardín de flores.

ble con lluvias otoñales y las primeras nevadas en alta montaña. Si el tiempo no presenta incidencias, noviembre y diciembre pueden ser de nuevo bastante suaves antes de que empiece el invierno con fuertes nevadas y frío.

Teléfono

Prefijo de España 0034; Andorra 00376.

Asociaciones de senderismo y montaña

FEEC (Federació d'Entitats Excursionistes de Catalunya), Tel. 934 120 777; www.feec.org.
CEC (Centre Excursionista de Catalunya), Tel. 933 152 311; www.cec.cat.
Federació Andorrana de Muntanyisme, Tel. (00376) 867 444; www.fam.ad.

Información meteorológica

Las oficinas de turismo facilitan la información meteorológica oficial. Información telefónica en la Agencia Estatal de Meteorología, Tel. 906 365 325; www.aemet.es. En Andorra Tel. (00376) 848 852.

Lagos que se suceden como cuentas de un collar

¡Lagos a cada cual más encantador! El recorrido a través del maravilloso paisaje granítico del Circ dels Pessons con sus llamativas formaciones montañosas es una de las mejores rutas. El ascenso hasta la sobresaliente cumbre del circo de montaña es casi un apéndice, pero solo casi, ya que desde arriba las vistas no solo abarcan todo el conjunto de lagos y estanques, sino también las importantes cimas y cadenas montañosas de la Andorra oriental hasta el macizo francés de Carlit.

Lugar de referencia: Soldeu, 1.820 m.
Punto de inicio: Estación de esquí Grau Roig, 2.110 m; aparcamiento al oeste del arroyo Valira d'Orient. Desde la carretera al Port d'Envalira torcemos a la derecha hacia la »Estació d'Esqui«, después vamos por la carretera que sale a la derecha antes del gran recinto del aparcamiento y continuamos por el puente sobre el Valira d'Orient hasta el aparcamiento.
Desnivel: 755 m.
Dificultad: Ruta larga con una pendiente repartida cómodamente; solo hay un ascenso muy duro hasta la Collada dels Pessons.
Señalización: GR-7.
Dónde comer: Restaurante en el Estany dels Pessons.
Mapa: Ed. ALPINA: Andorra, 1:40.000.
Variante: Combinación con la ruta 37. Aunque la conexión de las dos rutas requiere una buena forma física, se trata de una fantástica ruta circular por uno de los

rincones más bonitos de Andorra. No obstante, en el punto final en Escaldes se necesita un vehículo para regresar al punto de inicio. Desde el Pic de Gargantillar bajamos de nuevo hasta el GR. El camino va cuesta abajo en dirección sureste hasta la cercana **Portella dels Pessons**, 2.779 m. En el collado nuestro camino se dirige hacia el sur bajando con fuerza y a continuación, a través de las laderas niveladas del circo de montaña, pone rumbo al gran **Estany de l'Illa**, 2.480 m. Aquí continuamos a lo largo de la orilla oriental; por delante del **Refugi de l'Illa** (gran refugio de autoabastecimiento, 60 plazas) y de varios pequeños lagos en el camino baja, al principio suavemente y después más fuerte, las anchas laderas hasta el **Refugi Riu dels Orris**, 2.230 m. A partir de aquí proseguimos en dirección a la salida del valle como se indica en la ruta 37. Desnivel: ascenso 755 m, descenso 1.635 m. Duración: recorrido total aprox. 7½–8 h.

En el aparcamiento de **Grau Roig** regresamos por el puente, justo después seguimos a la derecha por la pista y por delante de dos estaciones de telesillas y a continuación, por la pista que sube a la derecha con el letrero »Restaurant del Llac dels Pessons«. La pista vuelve a dividirse enseguida: o bien continuamos por ella hasta el primer lago, o bien atajamos por el bosque. En este caso proseguimos a la izquierda, por delante de una estación de nieve artificial, donde la pista se convierte en rastros de pista. Unos 50 metros antes de un arroyo dejamos los rastros de pista y tomamos el camino a la derecha de la linde del bosque que está señalizado por hitos. Este cami-

Encantadores lagos antes del Pic de Gargantillar.

no sube por el bosque y acaba junto al **Estany dels Pessons**, 2.300 m. El restaurante está situado en el extremo norte del lago, nosotros seguimos a la izquierda hasta un gran indicador del camino. A la izquierda se va a la »Collada del Montmalús«, nuestro camino, señalizado en blanco y rojo, continúa a la derecha. Cruza varios brazos del arroyo y después sube atravesando praderas y bloques de granito hasta el desecado **Estany Forcat**, 2.362 m, en cuya parte izquierda cruzamos el arroyo.

Ahora el camino gira hacia el suroeste y nos muestra el impresionante circo de Pessons. Por delante de un estanque a mano izquierda aparece el **Es-**

Pic de Gargantillar 2864 m

Collada dels Pessons 2792 m

Estany de les Fonts 2489 m

Estany dels Pessons 2300 m

Grau Roig 2110 m

Estany de les Fonts 2489 m

Estany dels Pessons 2300 m

Grau Roig 2110 m

2750 m
2500 m
2250 m

0   0.45   1.35   2.40 3.00   4.05   4.50   5.30 h

tany Rodó, 2.374 m, que el camino bordea a la derecha y acto seguido, con una cómoda pendiente, atraviesa las laderas cubiertas de hierba y granito. A la derecha nos acompaña la escabrosa fachada entre los Pics d'Ensagents y Cubil, mientras que la vista del Circ dels Pessons con sus escarpadas vertientes norte es cada vez mejor.

En el **Estany del Meligar**, 2.440 m, nos mantenemos a la derecha del lago y subimos a buen paso, durante un rato sobre grandes bloques rocosos. Después de un pequeño lago viene el **Estany de les Fonts**, 2.489 m, delante del cual se encuentra un estanque. Después del lago poblado de plantas subacuáticas el camino ataca la elevación de la ladera situada ante nosotros y por detrás llega a la base del circo, a la izquierda está cubierto por una enorme escombrera de bloques al pie del Pic dels Pessons. Nuestro camino pone rumbo hacia la Collada dels Pessons, se mantiene por el pie sepultado de la ladera del collado y acto seguido gira hacia el flanco con hierba. Las curvas, al principio amplias, se convierten más arriba en una fuerte pendiente en zigzag que nos conduce hasta la **Collada dels Pessons**, 2.792 m. Las fantásticas vistas del valle que hemos recorrido con la cadena de lagos ha-

Vista hacia atrás desde el Pic de Gargantillar.

ANDORRA

Pic Baix
del Cubil
2704

Soldeu ↑
Grau Roig
2110

Alt del Covil
2933

Estany de
la Solana

Alt del Griu
2874

Estany
del Meligar

2300

Estany
dels Pessons

Estanys
l'Ensagents

Pic dels Pessons
2846

Estany
Rodó
2374

Estany de
les Fonts

Clot dels Pessons

2428
Refugi
l'Ensagents

2489

Circ dels Pessons

Estanys
dels
Colells

Estanys
de l'Obac

Estany del
Cap de Pessons

Pic de Montmalús
2774

Collada
de Montmalús

2792

Alt de Gargantillar
o Pic dels Llops
2843

Collada
dels Pessons

Pic de Gargantillar
2864

2743

GRP
GR 7

2827
Pic de Ribius

Refugi
de Montmalús
2445

Estany
de l'Illa

Estanys de
Montmalús

Refugi
de l'Illa
2485

ESPAÑA

2473
Turó
de Gréixer

GR 11

Estany
de la Bova

0   1 km

2230
Refugi
de Riu dels Orris

cen que el esfuerzo durante el ascenso merezca la pena, la cercana cumbre
del Pessons se levanta claramente. Nos dirigimos hacia la izquierda y seguimos por el camino a lo largo de la línea de la cresta. Primero este baja suavemente, luego va subiendo por el flanco suroeste y pasa una antecima que
está separada de la cumbre principal por una escarpada brecha norte. En
cuanto pasamos por delante de ella, torcemos a la izquierda desde el GR y
subimos por el borde de la vertiente hasta el **Pic de Gargantillar**, 2.864 m.

El valle más primitivo de Andorra

Aquí reinan la soledad y la tranquilidad (foto pág. 102). El valle alto más largo de Andorra solo se puede explorar por un sendero que conduce hasta el Estany de l'Illa, en la loma de la cumbre del Pessons. Densos bosques cortados por praderas, un arroyo que cambia entre meandros y cascadas y los escarpados flancos rocosos de la parte sur del valle al fondo: algo para disfrutar holgadamente.

Lugar de referencia: Escaldes, 1.053 m.
Punto de inicio: CS-101 cerca del km 7, 1.230 m. En la salida de Escaldes (dirección a Encamp) a la derecha por la carretera Nr. 200 en dirección a Engolasters, después de aprox. 1 km a la derecha por la CS-101 por encima del Riu Madriu. Justo después a la izquierda, junto a los grandes letreros de madera »Entremesaigües« / »Camí de la Muntanya« comienza el GR-7. Se puede aparcar junto al gran edificio a la derecha de la carretera, aprox. 300 m más adelante.
Desnivel: 1.000 m.
Dificultad: Técnicamente fácil; buena forma física y resistencia para una ruta larga y con mucho desnivel.
Señalización: GR-7; GR-11.
Dónde comer: En ningún sitio durante el camino; Escaldes.
Mapa: Ed. ALPINA: Andorra, 1:40.000.
Variante: Véase la ruta 36.

El **GR-7**, que está afirmado con piedras naturales y fue un antiguo camino de arrieros, atraviesa cuesta arriba un bosque mixto hasta el Pont Sassanat y allí, nos conduce al otro lado del Riu Madriu. Subiendo enérgicamente y con muchas curvas a través de campos cultivados y cercados llegamos a »Entremesaigües«, 1.450 m, un caserío cerca del puente homónimo. En la ramificación señalizada del camino nos mantenemos todo recto en dirección al »Estany de l'Illa«. Seguimos subiendo y, por delante de una nueva bifurcación del camino, el valle se ensancha y hace sitio a prados en bancales con un grupo de casas. Este »pueblecillo« se llama »Ràmio«, 1.600 m; un poco después, el GR-11 desde el Coll Jovell se topa a la izquierda con nuestro camino, que ahora discurre a lo largo de pastos y prados más o menos cerca del arroyo. Durante el camino dejamos el desvío señalizado al

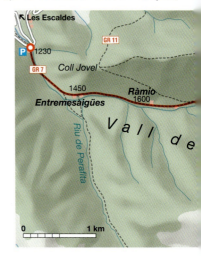

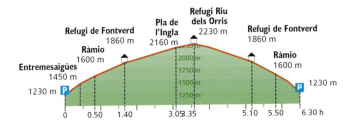

»Coll de Jovell« a la izquierda, con una pendiente cada vez mayor el camino pasa una marcada angostura del valle y a continuación entra en un pequeño valle llano con el **Ref. de Fontverd**, 1.860 m, cerca de una fuente. Por delante del refugio (sin guarda, 14 plazas), nuestro camino vuelve a subir por el bosque y llega al valle –que se ensancha lentamente– casi a la altura del arroyo. Después de una cerca para el ganado hay una cabaña a la derecha del camino, acto seguido pasamos por delante del desvío a la derecha al puerto de Maiana y al valle de Perafita. Caminamos a la izquierda del Riu Madriu. Nuestro camino se aleja momentáneamente del arroyo y vuelve a aumentar la pendiente, luego vuelve a acompañar al cauce. Pasamos una cerca para el ganado y entramos en el **Pla de l'Ingla**, 2.160 m, una alargada pradera del valle. Caminamos hasta el final de la llanura, donde ya se divisa el **Ref. Riu dels Orris**, 2.230 m. Subimos todavía un poco más y llegamos al refugio (sin guarda, 10 plazas).

Parc Natural Cadí-Moixeró y Alta Cerdanya

El Parque Natural al sureste de Andorra se extiende a lo largo de 30 km en paralelo a la cresta principal de los Pirineos. De origen geológico más reciente, el macizo calcáreo forma una barrera montañosa casi continua con un llamativo contraste entre las faldas con una pendiente moderada al sur y la abrupta fachada norte, cuyas paredes verticales alcanzan una altura de hasta 500 m. Con un hermoso contraste paisajístico, al pie de las fortalezas calcáreas se expanden amplios bosques y verdes prados de montaña, entre los que destacan el Prat de Cadí y el Prat d'Aguilo.

Las impresionantes vertientes norte están marcadas por los valles profundamente enclavados que confieren a la sierra su acentuada estructura. Algunos de estos canales permiten, con más o menos dificultad técnica, subir directamente a las faldas subalpinas de la loma de la montaña, cuyas »cimas« se suceden a lo largo del borde norte con desniveles apenas notables. Quien suba desde el sur, no descubrirá en ellas más que inofensivas cadenas de colinas, hasta que llegue al borde de los vertiginosos riscos y tenga a la vista los abruptos y fascinantes bastiones de roca. Este mismo efecto sorpresa se produce al subir desde el norte, cuando se superan las escarpadas y pedregosas laderas y, de repente, detrás del puerto se extiende una altiplanicie cubierta de hierba con curvas abiertas sobre la que paseamos a placer y nos sirve de atalaya.

No solo desde que en 1906 Picasso atravesara la Sierra de Cadí después de una estancia estival en Gósol, la »Ruta dels Segadors« que el pintor utilizó goza de tradición. La cómoda travesía por el Pas dels Gosolans se llama así por los trabajadores temporeros de Gósol, que a principios de verano partían en busca de trabajo en los campos y masías alrededor de Bellver de Cerdanya. Según la tradición, en el puerto se tocaba música para anunciar su llegada a los habitantes de Bellver. En un día, la bien conservada »Ruta dels Segadors« une la parte soleada de la Sierra de Cadí –con escaso aprovechamiento agrícola– con la fértil cuenca del río Segre.

La parte oriental del Parque Natural abarca la Sierra de Moixeró, separada por el puerto de Tancalaporta, con alturas mucho menores. Las Penyes Altes de Moixeró, con 2.260 m, son el macizo más alto con una parte norte densamente poblada de bosques y de pendiente moderada, mientras que el flanco sur se desploma abruptamente. La región montañosa alrededor de Tosa d'Alp se caracteriza por las estaciones de esquí de Masella y La Molina, que empañan visiblemente el paisaje.

Pedraforca, un nombre y una forma característica, es una de las montañas más bellas de la Península Ibérica. Dos cumbres macizas separadas por una amplia brecha de guijarros que cae vertiginosamente. Viniendo desde el este en dirección a Saldes tenemos a la vista la –literalmente– »horquilla de piedra«. El macizo está separado de la Sierra de Cadí por el valle de Gre-

Fuente en Tuixén.

solet, poblado de bosques, y presenta, especialmente en su fachada norte, paredes que sobresalen por su forma y figura y tienen preparados intensos retos a montañistas y escaladores.

Quien prefiera hacer el viaje a pie, debería considerar la posibilidad de un trayecto en coche por la B-400, en la linde sur del Parque Natural. Además de espectaculares vistas de las montañas, podrá disfrutar del encanto de pueblos que conservan gran parte de su carácter original, como Josa de Cadí, Gósol o Tuixén.

Al norte del Parque Natural discurre la cuenca del Riu Segre, que se ensancha hacia Puigcerdà. De la fosa tectónica que en épocas geológicas ocupó un lago, se alzó la cresta central de los Pirineos y culminó en la sierra fronteriza con Francia a una altura que ronda los 2.900 m. Aunque aquí y allá también se pueden encontrar escenas de alta montaña, sobre todo alrededor del Pic de Calm Colomer, predominan las laderas con una pendiente moderada y gran superficie. Un ejemplo típico es el céntrico Puigpedrós, que gracias a sus fantásticas vistas es un destino muy concurrido.

La Vall de la Llosa, orientada del norte al sur, es el valle de montaña más largo y bello de la región. Antaño fue muy importante porque servía de enlace con Andorra y Francia. Gracias a sus amplias carreteras y pistas, puede recorrerse con facilidad hasta el curso superior del río.

Excursión por uno de los valles más bonitos de la Cerdaña

Indudablemente el valle del Riu de la Llosa despertó la atención ya desde muy pronto. Las leyendas locales cuentan que allí vivían terribles monstruos, para los habitantes de los pueblos fue una importante vía de comunicación con Andorra y la localidad francesa de Foix y el valle de Querol y, hace poco, estuvo amenazado por un proyecto de presa y túnel. Por lo pronto se ha quedado en un encantador valle que ofrece naturaleza virgen en su mayor parte.

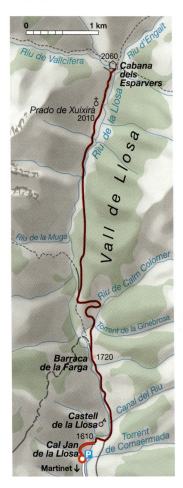

Lugar de referencia: Martinet, 1.000 m.
Punto de inicio: Cal Jan de la Llosa, 1.610 m. Desde Martinet hacia Lles de Cerdanya y continuar hasta Viliella; desde allí por la pista de aprox. 2,5 km de longitud hasta Cal Jan. Aparcar junto a la barrera poco antes de la masía.
Desnivel: 450 m.
Dificultad: Ruta sencilla por el valle.
Señalización: GR-11.10/107.
Dónde comer: Lles de Cerdanya.
Mapa: Ed. ALPINA: Andorra, 1:40.000.
Observaciones: La pista se puede transitar hasta cierto punto. Con Viliella como punto de inicio la ruta se alarga 1 h en total.

Caminamos por la pista hasta el **Cal Jan de la Llosa**, por delante de una masía similar a un fuerte y, justo después, por el puente de madera sobre el Riu de la Llosa. Al cabo de unos minutos nos encontramos con una pista procedente de la derecha por la que seguimos a la izquierda. Unos pasos más adelante pasamos una barrera y a continuación vamos

subiendo cómodamente en dirección al valle. Al otro lado del arroyo pueden verse sobre una colina de granito los restos del Castell de la Llosa. Poco después de una cerca para el ganado pasamos por delante de la derrumbada **Barraca de la Farga**, 1.720 m, y acto seguido atravesamos un bonito ensanchamiento del valle. En su final nuestro camino traza algunas curvas cuesta arriba, durante las cuales cruzamos varias veces las ramificaciones del Riu de Calm Colomer. A la altura de una bifurcación nos mantenemos por el camino principal, que pronto se allana. Después de una segunda cerca para el ganado cruzamos por un puente de madera hasta el otro lado del arroyo. El valle vuelve a ensancharse, subimos brevemente y llegamos al idílico **Prado de Xuixirà**, 2.010 m, donde acaba la pista. Caminamos por el bonito prado, en el que hay un oratorio y un refugio forestal derruido a la izquierda, y luego seguimos por el sendero visible, que se eleva rápidamente sobre el arroyo del valle y llega hasta el Riu de Vallcivera, que corre a la izquierda. Aquí pasamos al otro lado del arroyo por una insegura pasarela de troncos de árbol, continuamos otro poco ladera arriba y llegamos a la diminuta **Cabana dels Esparvers**, 2.060 m, situada en un pintoresco entorno y con capacidad para seis personas.

Cabana dels Esparvers.

Comodísimo ascenso a la magnífica cumbre panorámica de Cerdaña

El ascenso normal al Puigpedrós, de apenas 3.000 m de altura, les resulta demasiado fácil a muchos senderistas de montaña, que prefieren otras opciones más desafiantes, como el ascenso por el Circ d'Engorgs al oeste de la cumbre. Nosotros nos conformamos con la ruta habitual y más tranquila, en la que hay bastante que ver y descubrir: desde la cumbre hacia todas las direcciones.

Lugar de referencia: Meranges, 1.530 m.
Punto de inicio: Refugi de Malniu, 2.138 m. Acceso por la pista de pago desde Meranges. Detrás de la localidad seguimos la indicación »Als Llacs«, el resto de ramificaciones de la pista está señalizado. Aparcamiento grande junto al refugio al final de la pista.

Desnivel: 775 m.
Dificultad: Ascensos fuertes en algunos tramos.
Señalización: GR-11; marcas en piedras.
Dónde comer: En ningún sitio durante el camino; Refugi de Malniu.
Mapa: Ed. ALPINA: Andorra, 1:40.000.

Junto al **refugio** seguimos el indicador del camino »Puigpedrós (Recomendat)«. Durante un rato nuestro camino es el mismo que el GR-11 a Portella d'Engorgs. Este nos conduce por encima del arroyo que sale del Estany Sec y después atraviesa bonitas laderas con prados lentamente cuesta arriba hasta la **ramificación del camino**, 2.260 m. El GR prosigue todo recto y rodea las estribaciones del Pedradreta, lo dejamos y tomamos la senda que tuerce a la derecha y sube por la ladera cubierta de hierba y atravesada por arroyuelos. Más adelante la senda se allana y llega a un marcado surco en la ladera, donde parece continuar al otro lado y hacia el oeste por el terreno erosionado y pedregoso de la ladera. Nosotros nos mantenemos a este lado del surco y subimos hacia la derecha siguiendo las marcas en las piedras. Estas nos guían –más o menos directamente y de vez en cuando con una fuerte pendiente–

Sobre el Puigpedrós: vista de la Sierra de Cadí.

hasta el **Coll de les Mulleres**, 2.482 m. El Puigpedrós se distingue claramente al norte.

Ahora, siguiendo hacia la derecha y la línea del collado hacia el noreste en primer lugar, caminamos por delante de una charca seca y a continuación subimos por un »pasillo de hierba« antes de que el camino cambie abruptamente hacia el norte. Un fuerte ascenso transversal por la ladera nos lleva a la alargada y ancha loma del Puigpedrós, que desde aquí no muestra una forma pronunciada. A través de las suaves estribaciones podemos dirigirnos hacia la cúpula de la cima, formada por placas de granito apiladas sin ningún orden. Para los últimos metros hasta la cumbre tenemos dos posibilidades: o trepamos subiendo en línea recta por la empalizada de piedras o nos mantenemos a la derecha en la base y llegamos al **Puigpedrós**, 2.914 m, por un terreno más cómodo subiendo desde atrás. Ya sea de una manera o de otra, lo que es seguro es la grandiosa panorámica de montañas.

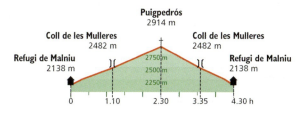

Divertido paseo por los lagos cercanos a Meranges.

La zona que rodea los pequeños lagos de Malniu es una cautivadora área natural. Bonitas orillas de lagos, bosques, laderas con prados y estrepitosos arroyuelos y las bonitas vistas del entorno montañoso nos invitan a detenernos aquí. En verano y los fines de semana se hace mucho uso de todo ello, sobre todo porque junto al refugio hay un área recreativa con barcacoa.

Lugar de referencia: Meranges, 1.530 m.
Punto de inicio: Refugi de Malniu, 2.138 m (véase cómo llegar en la ruta 39).
Desnivel: 175 m.
Dificultad: Ruta corta y sencilla a modo de paseo.
Señalización: Blanca y amarilla.
Dónde comer: Refugi de Malniu.
Mapa: Ed. ALPINA: Cerdanya, 1:50.000.

Rocas que parecen esculturas.

Al inicio de la ruta: Refugi de Malniu.

Desde el **Refugi** cruzamos el Rec de Malniu y justo después del puente tomamos a la izquierda el sendero señalizado en blanco y amarillo. Este se mantiene siempre a la derecha del arroyo y atraviesa con una cómoda pendiente el bonito paisaje de rocas graníticas, alfombras de hierba y pinar, más tarde se allana y llega al extremo sur del primer **Estany de Malniu**, 2.270 m. Nos mantenemos por la senda en la orilla derecha del lago hasta el extremo norte del mismo, allí dejamos el camino a la derecha y subimos por la ladera, sin apenas vegetación, un par de metros de altura hasta el segundo y más pequeño **Estany de Malniu**, 2.310 m.

El lago, que está desecándose, muestra un encantador aspecto gracias a sus islas de flores y vetas de agua. Las laderas con hierba y los riscos graníticos que lo rodean y la amplia vista de la Sierra de Cadí completan el bello paisaje.

135

Camino circular a los pies de la Sierra de Cadí

Pueblos pintorescos, una ermita románica y magníficas vistas de las paredes rocosas de Cadí

Esta apacible ruta circular recorre valles boscosos, une dos pueblos de montaña típicos con bonitas casas restauradas y llega, junto a la ermita de la »Mare de Déu de Boscal«, a un fantástico mirador de los escarpados bastiones rocosos de la Sierra de Cadí.

Lugar de referencia: Arsèguel, 920 m.
Punto de inicio: Cava, 1.300 m. Aparcamiento en la entrada del pueblo. Desde Arsèguel por la carretera señalizada del valle hacia Cava.
Desnivel: Aprox. 495 m.
Dificultad: Pendientes más fuertes de vez en cuando.
Señalización: GR-150; marcas en piedras.
Dónde comer: En ningún sitio durante el camino; El Pont de Arsèguel.
Mapa: Ed. ALPINA: Serra de Cadí – Pedraforca, 1:25.000.

A la entrada del pueblo de **Cava** comienza el camino circular por la pista que baja a la izquierda y está señalizada con »Corta del Roig«. Después de una fuente a la izquierda del camino cruzamos un arroyuelo y a continuación pasamos por delante del letrero »Parc Natural«. A través de un robledal suelto bajamos cómodamente hasta el Riu de Cadí, pasamos sobre el arroyo por el puente (1.230 m) y acto seguido nuestra pista flanquea con una cómoda

El bonito pueblo de Cava con la Sierra de Cadí detrás.

pendiente el Puig Rodon, densamente poblado de árboles, y llega a un pequeño collado con hierba (1.397 m), del que a la derecha y con dirección oeste sale una senda llana poco visible, mientras que la pista vuelve a bajar. Torcemos a la derecha por el nuevo camino, que unos pasos más adelante vuelve a ser más marcado, y caminamos ahora por el denso pinar. Nuestro camino cruza los arroyos laterales y se ensancha en una antigua pista que va subiendo lentamente por un suave collado. Aquí llegamos a la zona con pastos de **el Boscal**, 1.449 m, con la gran ermita homónima al borde del camino. Ahora tomamos el GR-150 por delante de la ermita, al cabo de unos minutos entramos en una amplia ladera con hierba (1.472 m), que baja de la pequeña elevación del Turó de Boscal y nos ofrece unas fantásticas vistas tanto de la Sierra de Cadí, cortada por escarpados canales, como de los grupos de montañas de la Alta Cerdaña al norte. El GR nos conduce cuesta abajo hacia **Ansovell**, 1.338 m, aquí pasa a la derecha por delante de la iglesia y unos pasos todo recto por el camino del pueblo, que baja ligeramente, hasta la señalización blanca y roja, junto a la cual dejamos el camino del pueblo y seguimos por una pista de hierba poco llamativa en un primer momento, aunque enseguida se convierte en una senda visible. Esta nos lleva a través del bosque, en el que, de vez en cuando, los tramos del camino poco marcados se compensan con las frecuentes señalizaciones. Cuesta abajo y a través de la ladera del valle del Riu de Cadí llegamos a un antiguo puente de piedra (1.050 m), volvemos junto al arroyo y subimos enérgicamente por el otro lado hacia **Cava**.

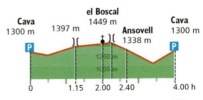

Prat de Cadí, 1.832 m

Una verde región montañosa ante un grandioso bastión de roca

Es uno d132e los lugares más bonitos de la parte norte de la Sierra de Cadí: como si de una alfombra verde se tratara, el Prat de Cadí está situado a los pies de una fachada rocosa que se alza 500 metros. Sus destacadas formas y canales ofrecen un magnífico espectáculo, sobre todo a la luz del atardecer.

Lugar de referencia: Martinet, 1.000 m.
Punto de inicio: Coll de Pallers, 1.499 m; señalizado en Estana (»P 800 m«). Al pueblo se llega desde Martinet por la carretera señalizada pasando por Villec.
Desnivel: 335 m.
Dificultad: Ruta sencilla por un camino señalizado.
Señalización: PRC-21 (amarilla y blanca).
Dónde comer: En ningún sitio durante el camino; Estana.
Mapa: Ed. ALPINA: Serra de Cadí – Pedraforca, 1:25.000.

En el **Coll de Pallers** (área recreativa con barbacoa) comienza el Parque Natural de Cadí-Moixeró. Aquí tomamos la pista que conduce hacia el sur, la dejamos enseguida a la derecha por el sendero señalizado y caminamos por el maravilloso bosque. En una ladera erosionada con una llamativa tonalidad

En el destino de la ruta: Prat de Cadí.

La »puerta« a la Sierra de Cadí.

rojiza, el trazado del camino se vuelve poco claro, pero a continuación vuelve a verse bien subiendo hacia el **Collet Roig**, 1.800 m, con una columna de medición. Por encima del pequeño collado cambiamos del valle del Quer al valle del Bastanist. El camino, ahora casi llano, discurre a través de pinos negros y abetos, cruza un arroyo y poco después se une a una pista que sube a la izquierda. Por esta caminamos algunos pasos hasta llegar al **Prat de Cadí**, 1.832 m, con un imponente escenario montañoso como telón de fondo.

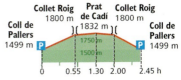

43 Refugi Prat d'Aguiló (Cèsar August Torras), 2.020 m

6.00 h

Recorrido por la »Ruta dels Segadors« cargada de tradición

Nuestra ruta discurre por el camino que antaño transitaban los segadores de Gósol en las estribaciones sur de la Sierra de Cadí. Cada año a principios de junio, los campesinos cruzaban la sierra para buscar trabajo en las zonas de pasto y cultivo alrededor de Bellver. Seguimos sus huellas por el valle de Ridolaina hasta el refugio situado al borde de suaves faldas con prados (Prat d'Aguiló), donde la Sierra de Cadí se presenta como en una película en cinemascope. El refugio es el punto de inicio del ascenso al Comabona, la cumbre más popular de la sierra.

Lugar de referencia: Bellver de Cerdanya, 1.020 m.
Punto de inicio: Nas, 1.225 m. Desde Bellver de Cerdanya por la carretera señalizada hacia Nas.
Desnivel: 815 m.
Dificultad: Ruta larga; tramos con fuerte pendiente en algunas partes.
Señalización: PR-C-124 (amarilla y blanca).
Dónde comer: Ref. Prat d'Aguiló; Bellver de Cerdanya.
Mapa: Ed. ALPINA: Serra de Cadí – Pedraforca, 1:25.000.
Combinación de rutas: Con la ruta 44.
Observaciones: La ruta también puede comenzar en Cortal de l'Oriol (la pista hasta allí es aceptable). Se recomienda esta opción si se quiere combinar con el ascenso al Comabona (ruta 44).

En **Nas** seguimos las señalizaciones blancas y amarillas que nos conducen hasta la pista situada a la salida del pueblo. Esta atraviesa pastos cercados hasta el límite señalizado del Parque Natural, donde tomamos un atajo hacia la derecha y al cabo de un cuarto de hora volvemos a conectar con la pista. Unos pasos más adelante, a la altura del pequeño saliente de **el Collet** (1.352 m), se abre una bonita vista del valle de Ridolaina. Subiendo enérgicamente por el bosque, a la altura de una fuente (Font Tosca) nos encontramos de nuevo con la pista, por la que seguimos hasta una bifurcación con una segunda fuente (Font de l'Orri) y aquí llegamos al **Cortal de l'Oriol**, 1.520 m. Continuamos por la pista manteniéndonos a la derecha y ba-

Valle de Ridolaina.

jando ligeramente, pasamos por delante de una barrera y acto seguido atravesamos un terreno con riesgo de desprendimiento de piedras (señal de advertencia). Cruzamos dos arroyos, un poco más adelante nuestro sendero deja la pista por la izquierda y después de un par de metros se topa con una antigua carretera que sube inmediatamente. Seguimos por ella a la izquierda y enseguida se convierte en un camino forestal, por el que ahora subimos fuertemente y volvemos a encontrarnos con una pista. Esta sube serpenteando hasta un refugio de metal; por detrás llegamos cómodamente a la pista que sube desde Montellá. Al enlazar con la pista llegamos al **Coll de l'Home Mort**, 1.855 m. Aquí proseguimos a la izquierda, al cabo de unos 10 minutos, en una curva cerrada a la derecha que traza la pista, giramos directamente hacia un camino que se desvía a la izquierda. Una marca en un árbol nos sirve de guía. Subiendo por la ladera poblada con algunos árboles sueltos regresamos a la pista, seguimos por ella hasta el aparcamiento y la barrera detrás de la cual se extienden las bonitas laderas con prados alrededor del refugio. Unos minutos más tarde llegamos al **Refugi Prat d'Aguiló**, 2.020 m.

La cumbre clásica de la Sierra de Cadí

No sorprende que el Comabona sea la cumbre más transitada de la Sierra de Cadí ni que realmente se identifique con la alargada sierra. Su ascenso relativamente fácil y la belleza de las formaciones rocosas que pueden observarse durante el camino desde distintas perspectivas se alían para crear un programa sumamente atractivo. A esto hay que añadir el sorprendente contraste paisajístico entre la abrupta fachada norte de la Sierra y su loma suavemente ondulada, en la que encontraremos diversión en todas las direcciones. ¡Una ruta de categoría!

Lugar de referencia: Martinet, 1.000 m.
Punto de inicio: Refugi Prat d'Aguiló, 2.020 m. Desde Martinet en dirección a Montellá, antes de esta por la pista señalizada hasta el aparcamiento poco antes del Refugi.
Desnivel: 535 m.
Dificultad: Ascenso con dificultad media y una fuerte pendiente; en condiciones normales no supone ningún problema desde el punto de vista técnico.
Señalización: PR-C-124; GR-150.1.
Dónde comer: Ref. Prat d'Aguiló; Martinet.
Combinación de rutas: Con la ruta 43.
Mapa: Ed. ALPINA: Serra de Cadí – Pedraforca, 1:25.000.
Observaciones: La pista de aprox. 12 km de longitud presenta un estado intermedio: hay que prestar atención pero es aceptable. Se puede acceder de forma alternativa por la »Ruta dels Sega-

dors« y, dado el caso, pernoctar en el refugio (véase la ruta 43).

Detrás del **Refugi Prat d'Aguiló** tomamos el camino con profundos surcos

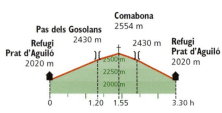

que va en dirección sur y subimos por las laderas cubiertas de hierba. Pasamos por delante de una fuente con un tronco de árbol hueco, a continuación trazamos algunas curvas hasta un rellano con hierba y al-

Pas dels Gosolans: la vertiente inesperadamente llana de la sierra.

gunos pinos sueltos. Enseguida nuestro camino se adentra en un terreno pedregoso y sin árboles y serpentea montaña arriba por debajo de la destacada Roca d'Aguiló. Acto seguido cruzamos en dirección suroeste hasta un pequeño saliente con bonitas vistas; desde aquí subimos directamente y con muchas curvas y a continuación cruzamos la ladera cuesta arriba. Después de un fuerte ascenso por la ladera del collado nos encontramos en el **Pas dels Gosolans**, 2.430 m, y llegamos a la loma de la Sierra de Cadí.

Refugi Prat d'Aguiló.

El camino directo hasta el Comabona se aleja del borde con riscos de las cadenas montañosas y baja haciendo una diagonal en oblicuo a la izquierda hacia una pequeña depresión del valle con la Font Tordera. Por delante de la fuente y por un terreno cárstico, nos dirigimos hacia una antecima del Comabona que apenas llama la atención y desde esta subimos al **Comabona**, 2.554 m, que se reconoce por la pequeña columna en su cima.

La cumbre más bonita de la parte oriental del Parc Natural del Cadí-Moixeró

Mientras que las moderadas elevaciones en el sur y las paredes verticales en el norte caracterizan la Sierra de Cadí, con la Sierra de Moixeró, situada al este, ocurre justo lo contrario. En la cumbre de las Penyes Altes nos encontramos hacia el sur por encima de escarpados precipicios y disfrutamos de las amplias vistas del valle del Llobregat y del Comabona y el Pedraforca al otro lado.

Lugar de referencia: Riu de Cerdanya, 1.160 m.
Punto de inicio: Pista al Coll de Pendís, 1.780 m. En Riu de Cerdanya nos orientamos hasta la plaza mayor con ayuntamiento e iglesia, allí seguimos por la calle que sale en frente del ayuntamiento y se transforma en una pista. Parcialmente asfaltada y transitable en general, esta pista pasa por delante del Refugi del Serrat de les Esposes II y se divide después de aprox. 12 km. Aparcamiento antes de la barrera. (A la derecha se va al Refugi de l'Ingla y, todo recto, al Coll de Pendís).
Desnivel: 495 m.
Dificultad: Ruta sin complicaciones; en la parte final hay pendientes más fuertes.
Señalización: GR-150.1.
Dónde comer: En ningún sitio durante el camino; Refugi del Serrat de les Esposes II; Bellver de Cerdanya.
Mapa: Ed. ALPINA: Moixeró – La Tosa; 1:25.000.
Variante: Regreso desde el **Coll de Dental** hasta el **Coll de Pendís**. Dos posibilidades: o por el GR con señalizaciones rojas y blancas, que en la prolongación del Coll de Dental discurre algo al sur y a la izquierda por debajo de la cresta hacia el oeste; o por la larga cresta sobre el **Turó de Prat Agre**, 2.012 m. A veces no hay camino, pero sin problemas de orientación y bien guiados por los hitos, por detrás del Turó bajamos directamente al Coll de Pendís. Aquí regresamos por la pista a la derecha hasta el punto de inicio. Duración desde el Coll de Dental: aprox. 1 h.

En el **aparcamiento** tomamos la pista que sube a la izquierda justo detrás de la barrera. Esta desemboca en una pista procedente del Coll de Trapa, por la que seguimos subiendo a la derecha. Después de una barrera se allana y atravesamos un sombrío pinar. Con una pendiente rápida llegamos al collado sin árboles del **Pla de Moixeró**, 1.985 m. Ahora dejamos la pista a la izquierda (baja en forma de rastros hasta un pastizal con un depósito de agua y un refugio de pastores) y tomamos una de las sendas transversales que a la

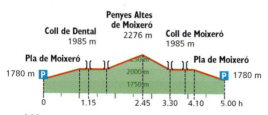

Coll de Dental.

misma altura pasan por las laderas a la derecha hasta el **Coll de Dental**, 1.985 m. A partir de aquí nuestro camino está señalizado en blanco y rojo. Se mantiene por las laderas con hierba del Moixeró hacia el este y conserva el mismo nivel, después tuerce a la derecha y sube lentamente a través de los pinos sueltos hasta el **Coll de Moixeró**, 1.985 m. Desde aquí atravesamos el bosque y algo más tarde llegamos a un pequeño claro con un indicador a las »Penyes Altes«. Subiendo a través del bosque atacamos ahora la base de la cima, para lo que nos valemos de las marcas del GR, que se ven claramente. Nuestro camino discurre primero a la derecha de la cresta, al rato se cambia a la parte izquierda para evitar una elevación rocosa, luego hace una curva cerrada a la derecha sobre la cresta y sigue por esta hasta la cumbre de las **Penyes Altes de Moixeró**, 2.276 m.

Sobre el techo de la Sierra de Cadí

Quien conozca los flancos del norte de la Sierra de Cadí, con el ascenso a la vertiente sur descubrirá el cautivador e impresionante contraste paisajístico de esta sierra. Las curiosas formaciones de los salientes y canales rocosos a lo largo de las escarpadas paredes ofrecen un fascinante espectáculo, y la panorámica desde el punto más alto de la Sierra de Cadí hace honor al Vulturó: al oeste se distinguen cimas tan célebres del Pirineo central como la Cotiella y la Maladeta, mientras que al sur se divisa gran parte de Cataluña con las montañas de la Costa Brava y Monserrat delante de Barcelona.

Lugar de referencia: Josa, 1.431 m.
Punto de inicio: Coll de Jovell, 1.791 m. A la altura de Josa se desvía de la carretera una pista señalizada y transitable por la que, después de aprox. 6 km, se llega al collado con hierba. También se puede acceder por la pista desde Cornellana, en este caso la distancia sería de aprox. 8 km.
Desnivel: 1.015 m.
Dificultad: Terreno cárstico empinado durante el ascenso. En caso de niebla es peligroso, ya que la altiplanicie ofrece poca orientación. Atención a los rápidos cambios de tiempo y a la formación de tormentas.
Señalización: GR-150.1; marcas en piedras. Atención: Las marcas en piedras arriba muestran en parte atajos que atraviesan diagonalmente la altiplanicie en dirección a Vulturó.
Dónde comer: En ningún sitio durante el camino; Josa.
Mapa: Ed. ALPINA: Serra de Cadí – Pedraforca, 1:25.000.

El **Coll de Jovell** está señalizado con un cartel, lo tomamos como punto de inicio y seguimos el ascenso marcado por la ladera sur, dominada por bojs y arbustos bajos. El GR señalizado en rojo y blanco sube enérgica y constantemente en dirección norte. Después de unos 500 m verticales superamos un reborde visible por detrás del cual desaparece nuestro punto de inicio. Llegamos a un terreno menos empinado con prados llamado **l'Osca**, 2.420 m. Desde aquí se nos presenta la vertiente ondulada de la Sierra de Cadí. Seguimos en dirección norte y nos dirigimos hacia el borde de las pa-

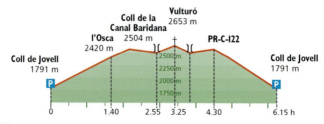

Curiosas estructuras rocosas en la Sierra de Cadí.

redes. Allí nuestro GR se une al PR-C-122, que discurre en transversal. Giramos hacia la derecha, caminamos a los pies del Pic de les Tres Canaletes y proseguimos a lo largo de los impresionantes riscos hasta el Puig de les Gralleres, en frente del cual se halla el Vulturó. Ahora bajamos hasta el **Coll de la Canal Baridana**, 2.504 m, desde aquí subimos de nuevo hasta un allanamiento al norte de nuestra cumbre de destino. Los últimos metros los hacemos subiendo hacia el sur y rápidamente llegamos al **Vulturó**, 2.653 m.

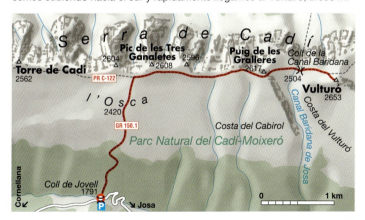

Un símbolo del turismo de montaña catalán

Para muchos amantes de la montaña, el Pedraforca es la esencia de una montaña y, por tanto, su cima es un destino muy popular. El macizo debe su nombre, »horquilla de roca«, a la inconfundible forma con la que se presenta hacia el este: dos abruptas cumbres partidas por una profunda muesca. Nuestro ascenso desde el Refugi Lluís Estasen discurre a lo largo de la imponente parte norte y muestra la variada belleza del macizo.

Lugar de referencia: Saldes, 1.120 m.
Punto de inicio: Refugi Lluís Estasen, 1.668 m. Un poco después de Saldes (en dirección a Gósol) por la carretera señalizada hacia el Mirador de Gresolet. O aparcamos aquí o seguimos por la carretera y recorremos unos 800 m por la siguiente pista hasta una caseta. En ambos lugares hay caminos señalizados hasta el refugio.
Desnivel: 945 m.
Dificultad: Técnicamente difícil con etapas de subida fuerte y pasajes de escalada (I-II). Atención a los rápidos cambios de tiempo y a la formación de tormentas.
Señalización: PR-C-123 (amarilla y blanca); amarilla.
Dónde comer: En ningún sitio durante el camino; Refugi Lluís Estasen.
Mapa: Ed. ALPINA: Serra de Cadí – Pedraforca, 1:25.000.

Vista sur del Pedraforca.

Variante: Descenso por el **Canal de la Tartera**. Esta ancha canal con guijarros, que cae desde el collado entre las cumbres gemelas hacia el este, ofrece la posibilidad de hacer una ruta circular. Bajando ligeramente desde el Pollegó Superior hacia el sureste, en la ramificación del camino nos mantenemos a la derecha: atención: el camino a la izquierda a lo largo de la cresta pasa por la Bretxa del Riambau hasta la vecina Cim del Calderer. Continuamos en dirección sur por el empinado camino que baja hacia un paso, la llamada »Enforcadura« (2.356 m). Desde aquí bajamos por el escarpado canal con guijarros. Al final de la »Tartera« nos encontramos con el PR-C-123 y seguimos por él a la izquierda a través del bosque de regreso al refugio. Duración desde el Pollegó Superior: aprox. 2 h.

Junto al **Refugi** seguimos el indicador »Pedraforca pel Coll del Verdet«. El camino a través del bosque se mantiene al principio más o menos llano, cruza el Canal del Riambau lleno de grandes bloques y a continuación aumenta considerablemente la pendiente. A la altura de una bifurcación del camino torcemos a la izquierda siguiendo el letrero de madera »El Verdet«; de frente se va hacia »Set Fonts«. Durante el camino, que sube enérgica-

Parte final hacia la cumbre.

mente, se nos ofrecen unas bonitas vistas de las paredes de roca verticales de la fachada norte. Nuestro camino se allana momentáneamente y se convierte en una senda a modo de cornisa con espléndidas vistas. Esta nos lleva hasta una marcada canal por cuya parte izquierda sube el camino, a continuación atraviesa una ladera poblada de pinos con raíces abiertas que sirven de escaleras. Dejamos los árboles detrás y llegamos a la ladera de la **Collada del Verdet**; el camino de tierra se mantiene por la derecha y rodea la base de un muro de roca (no debemos dejarnos distraer por los rastros de camino batido y pedregoso en el centro de la ladera). Llegamos a la pequeña **Collada del Verdet,** 2.244 m, ideal para hacer una pausa antes de la etapa de la cumbre.

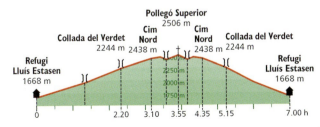

149

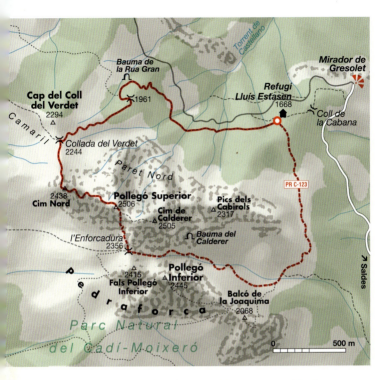

Siguiendo la loma del collado, primero por la parte izquierda y luego por la derecha, caminamos directamente hacia una fachada rocosa en la que una gran »P« azul nos sirve de orientación para empezar la primera parte de escalada. Durante la entretenida escalada por la roca –fácil de agarrar–, debemos prestar atención a las marcas amarillas de la ruta (están algo desgastadas). Estas nos guían hacia arriba hasta un rellano con una buena vista de la base de la cumbre. El trazado por la cresta determina el resto del ascenso. Al principio sobre terreno llano y luego bajando un poco y volviendo a subir, llegamos a la base de la escarpada cúpula rocosa y tras un fuerte ascenso accedemos a la **Cim Nord**, 2.438 m. Desde la »cima norte« proseguimos en dirección este y a través de pequeñas hondonadas el camino alcanza el **Pollegó Superior**, 2.506 m.

Refugi Lluís Estasen ante el imponente bastión rocoso del Pedraforca.

Vall de Núria

Las cordilleras que rodean la Vall de Núria en la comarca del Ripollès son las últimas grandes formaciones de la cresta pirenaica central. Al este, las alturas van bajando sucesivamente hasta el nivel de media montaña y en la Sierra de la Albera adquieren un marcado carácter mediterráneo. La cumbre más alta es el Puigmal con 2.913 m, situado al oeste del valle. Desde aquí se extiende una larga fila de cimas hacia el norte que vira hacia el este siguiendo la frontera con Francia con alturas menos divergentes que rondan los 2.800 m. Una cadena montañosa que se alarga desde el Pic de la Fossa del Gegant hacia el sur separa el valle de Nuria de la Coma de Freser, el valle alto del Riu de Freser, que parte del grupo alrededor del Pic de l'Infern. Entre las apenas pronunciadas cumbres de la cresta limítrofe hay puertos llanos y transitables por los que se pueden realizar bonitas rutas circulares entre los valles secundarios. En cuanto a los tipos de roca predominantes, la pizarra es característica de las montañas de la cresta principal; en zonas de erosión extrema en las que la cubierta de hierba ha desaparecido, la roca crea de vez en cuando un efecto de derrubios. Las abruptas formaciones como las Roques de Totlomón o las profundas gargantas del Riu Núria están formadas por gneis. Junto a estas rocas, la caliza metamórfica también desempeña un importante papel, ya que es responsable de los fenómenos kársticos y de la formación de cuevas.

A escasos 2.000 m de altura, en el punto de unión de los valles secundarios, se encuentra el Santuari de Núria, un lugar de peregrinación legendario para el catalanismo. Aquí se venera a la Virgen de Núria, patrona de los pastores del Pirineo. La leyenda cuenta que, en el año 700, San Gil colocó en una cueva la primera piedra para una ermita, algo que impulsó la construcción de un primer santuario, que aparece citado por primera vez en un documento en el s. XII y experimentó continuas reformas y ampliaciones a lo largo de los siglos. Hoy Núria está dominado por un enorme complejo de edificios que incluye un hotel, restaurantes, tiendas, salas de exposición y un gran centro de información. Desde Ribes de Freser hasta el santuario, pasando por la bonita y »privilegiada« Queralbs, circula un tren cremallera por una temeraria vía que recorre las paredes de las gargantas del Riu de Núria. Aunque ya de por sí es una gran atracción, la cremallera facilita enormemente la práctica de senderismo alrededor de Núria, ya que supera unos 700 m verticales. Las grandes cumbres, que de lo contrario requerirían tremendas rutas panorámicas, quedan de este modo a un alcance razonable. No obstante, no deberíamos perdernos el ascenso o descenso por la fantástica vereda a través de las Gorgues de Núria, parte del clásico GR-11. A las agrestes cascadas y a las pulidas pozas solo podemos acercarnos a pie e incluso así, dos imponentes angosturas del barranco se mantienen ocultas a los ojos del senderista y quedan reservadas para expertos en barranquismo.

Tren cremallera por la Vall de Núria.

Recorrido circular por la cumbre más alta del valle de Nuria

Puigmal: una montaña de contrastes. A veces llamada despectivamente »coma de vaca« –colina de la vaca–, en su cumbre nos reciben banderas ondeantes. En realidad el Puigmal no es muy vistoso, pero goza de un gran respeto por ser la montaña más alta de Núria. No obstante, quizás sea la amplia panorámica lo que atrae a muchos a su cima. Esta ruta circular no solo ofrece esto, sino también una buena imagen de conjunto de las montañas y valles de la parte occidental de la Vall de Núria.

Lugar de referencia: Queralbs, 1.236 m.
Punto de inicio: Santuari de Núria, 1.967 m. Se llega a él o con la cremallera o por el »Camí Vell« a través del valle de Nuria (véase la ruta 49).
Desnivel: 1.050 m.
Dificultad: Esta ruta no presenta ningún problema técnico, pero es exigente en cuanto a forma física debido al gran desnivel.
Señalización: Azul; marcas en piedras.
Dónde comer: Núria; Queralbs.
Mapa: Ed. ALPINA: Puigmal – Vall de Núria-Ulldeter, 1:25.000.
Observaciones: Véase el horario de la cremallera en la pág. 14.

Nuestro camino comienza detrás del gran complejo de edificios de **Núria**, junto al indicador »Puigmal« / »Finistrelles«. Aquí seguimos la pista que discurre en paralelo a un telearrastre y en cuyo final pasamos al otro lado del Torrent de Finistrelles por un puente de hormigón. Aquí subimos a la izquierda

un par de metros de altura por la ladera hasta un segundo indicador situado junto a una canalización de agua cubierta con los mismos destinos, donde seguimos por el camino batido que sube por la ladera en oblicuo a la izquierda. Justo después de cruzar el Torrent de la Coma de l'Embut, que fluye desde la izquierda, este camino se ramifica (a este lugar regresamos de nuestra ruta circular, 2.080 m). Nos mantenemos todo recto y proseguimos ladera arriba al lado del brazo izquierdo del torrente por el valle en »Y«

Núria: un moderno centro turístico en la actualidad.

situado ante nosotros. Tras un fuerte ascenso cruzamos el arroyo y nos alejamos de él para rodear por la derecha los salientes rocosos del Roc de la Maula, 2.400 m. Subimos en zigzag hasta un collado intermedio, detrás del cual se abre un pequeño valle con pastos. Desde aquí puede verse bien el

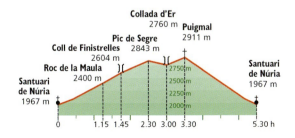

L'Embut: salida subterránea del arroyo del valle.

Coll de Finistrelles. Ahora nuestro camino prosigue en oblicuo a la derecha por la ladera del valle y llega al arroyo. Lo cruzamos, al igual que un segundo arroyuelo situado un poco más alto, y acto seguido el camino sube despacio por la falda del collado trazando largas curvas, algunas amplias, hasta el **Coll de Finistrelles**, 2.604 m, con una columna con cruz.

A continuación seguimos subiendo a la izquierda por la cresta de la montaña, primero por la parte este y luego directamente por la amplia loma y a través de una »cima doble«; el camino se dirige hacia la ladera cubierta de hierba de la cumbre y llega al **Pic de Segre**, 2.843 m. Por un camino pedregoso bajamos hasta un paso intermedio, después subimos enérgicamente por el flanco sureste hasta que volvemos a la loma de la cresta. Seguimos por ella un rato, después nuestro camino rodea una elevación por la derecha y sube hasta la **Collada d'Er**, 2.760 m. Desde aquí comienza el ascenso al Puigmal, en parte por un camino bien visible y en parte por placas de roca y piedras. Al principio más a la izquierda de la cresta de la cumbre y luego directamente por la loma de la cresta, el camino finalmente vira hacia la parte derecha de la cresta y llega rápidamente a la notoria »cumbre« del **Puigmal**, 2.911 m.

El camino de regreso deja el Puigmal en dirección noreste (el camino orientado hacia el sur baja a la Collada de Fontalba) y baja por las laderas de la montaña por las pedregosas y zigzagueantes pistas rumbo hacia el ancho valle. Allí acompañamos al Torrent de la Coma de l'Embut, lo cruzamos y nos mantenemos a su derecha en dirección a la salida del valle. Después de una pequeña cascada el arroyo desaparece de repente en una cueva: si caminamos unos 50 m hacia atrás por el cauce seco del arroyo que nuestro camino cruza algo más tarde, podemos contemplar directamente este espectáculo natural. Continuamos por el lado izquierdo del arroyo y enseguida nos encontramos con una bifurcación del camino, en la que a la derecha una senda vuelve a pasar al otro lado y baja hacia Núria por el Pla de l'Ortigar. Nuestro camino va todo recto, primero por encima de una breve sección del barranco y luego baja rápidamente por la empinada ladera con hierba hasta el arroyo, que ahora vuelve a llevar agua. Caminamos por su lado izquierdo hacia el valle del Torrent de Finistrelles y allí nos encontramos con el camino de subida; a la derecha regresamos a **Núria**.

Puigmal: una cima notoria.

El antiguo camino por las gargantas de Núria

El antiguo camino por el profundo valle del Riu de Núria era el acceso directo al santuario cuando no existía la cremallera. Hoy, este bien acondicionado camino ofrece una oportunidad fabulosa de conocer de cerca el impresionante y variado paisaje del barranco y su magnífico entorno montañoso. La bajada por el valle en el tren cremallera es una cómoda alternativa para el regreso y nos deja el tiempo suficiente para dar un paseo por Queralbs.

Punto de inicio: Queralbs, 1.236 m. Aparcamientos junto a la cremallera.
Desnivel: 730 m.
Dificultad: Ruta sin problemas con tramos de ascenso fuertes.
Señalización: GR-11.
Dónde comer: Núria; Queralbs.
Mapa: Ed. ALPINA: Puigmal – Vall de Núria-Ulldeter, 1:25.000.
Observaciones: Véase el horario de la cremallera en la pág. 14.

Desde el **aparcamiento** junto a la **cremallera** cruzamos las vías de tren y caminamos por la carretera hacia Queralbs. Poco después de las primeras casas, a la derecha se encuentra el aparcamiento de los habitantes del pueblo. Aquí aparece indicado el »Camí de Núria«. Este deja el pueblo a la derecha y más arriba cruza la pista que conduce a la Collada de Fontalba. Por delante de las últimas casas atraviesa las laderas con prados y llega a la cercada Font de la Ruira, a la izquierda del camino. Por encima de la cremallera y cerca de esta, discurre un buen rato por las laderas densamente pobladas de árboles, al principio subiendo cómodamente y luego a buen paso.

En frente se ve el valle del Riu de Freser, dominado por las impetuosas y escarpadas rocas del Torreneules. Después de una bajada intermedia por escalones pasamos por delante de un refugio de roca, el »Refugi Sant Pau«, y caminamos por encima del Riu de Núria hacia el

Siguiendo el curso del agua: barranquismo en las Gorgas de Núria.

La Vall de Núria tiene varios barrancos profundos.

valle, que se va estrechando. Este se cierra en un barranco profundamente enclavado, en cuya salida pueden verse bonitas cascadas y pozas redondeadas. A la altura del **Pont de Cremal** (1.540 m), hecho de piedra, el valle vuelve a abrirse y pasamos al otro lado del manso arroyo. Ahora el camino se alza con una fuerte pendiente por la ladera del valle sobre el arroyo, primero haciendo zetas hasta llegar a otro refugio de piedra, el »Refugi Sant Rafael«. A continuación, tras cruzar enérgicamente la ladera, comienza un ascenso en zigzag que nos permite superar una canaliza-

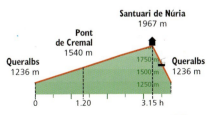

ción de agua cubierta. Después de subir tan alto sobre el segundo barranco del Riu de Núria, divisamos un atronador salto de agua, el »Salt del Sastre«. Ahora, alternando partes llanas con pendientes moderadas, nuestro camino se adentra en el valle y vuelve a acercarse lentamente al arroyo y a una cascada llamada »Cua de Cavall« (cola de caballo), en alusión a la gran dispersión de agua. Durante el resto del camino la pendiente vuelve a aumentar considerablemente de momento y pasamos por delante de varios escalones y cascadas con bonitas formas. Después de que nuestro camino se allane de nuevo, pasamos al otro lado del arroyo (1.770 m) a través de una pasarela de madera por debajo del puente de la cremallera y subimos cómodamente por las laderas pobladas de retamas, enebros y rosas alpinas; a la derecha, junto a nosotros, el Riu de Núria continúa con sus juegos de agua creando bonitas cascadas y pozas. Acto seguido nuestro camino se vuelve algo más fuerte y se encuentra con una ramificación, en la que a la derecha se puede hacer una escapada al »Mirador de la Creu d'en Riba«; desde la pequeña elevación rocosa pueden distinguirse bien Núria y su entorno montañoso. Seguimos todo recto y por delante de una cruz –»Creu d'en Riba«– el camino baja ligeramente y discurre cuesta abajo hasta el Santuari de **Núria**, 1.967 m.

La cascada de la »Cua de Cavall«, cola de caballo en español.

161

Espectacular ruta por valle y roca

Ya el ascenso nos lleva a observar a cada paso las fantásticas fachadas rocosas que sobresalen al norte en el valle. Durante el entretenido »Camí dels Enginyers«, en medio de la roca y por encima de las Gorgues del Freser, viviremos muy de cerca el constante espectáculo –sin olvidarnos del cercano paisaje del valle– que aquí aún se ofrece a distancia. Después de esta maravillosa ruta de un día podemos volver al valle con la cremallera. Cabe señalar que este recorrido también puede dividirse en dos rutas independientes muy impresionantes.

Lugar de referencia: Queralbs, 1.236 m.
Punto de inicio: Pont de Daió, 1.200 m. Aproximadamente 1 km antes de Queralbs, justo después del »Alberg-Refugi La Farga«, torcemos a la derecha desde la carretera (letrero »Salt del Grill / Coma de Vaca«) y continuamos por la pista asfaltada hasta la pequeña central eléctrica; se puede aparcar antes del puente de Daió.
Desnivel: Aprox. 1.000 m.
Dificultad: Ruta muy larga y exigente en cuanto a forma física en la que a veces hay que superar fuertes ascensos. Duran-

te el »Camí dels Enginyers« hay breves tramos expuestos y pequeñas trepadas.
Señalización: Verde y blanca; roja, GR-11.7.
Dónde comer: Refugi Manelic en el Pla de Coma de Vaca, 1.995 m; Queralbs.
Mapa: Ed. ALPINA: Puigmal – Vall de Núria-Ulldeter, 1:25.000.
Observaciones: Regreso de Núria a Queralbs con la cremallera o descenso por la Vall de Núria (véase la ruta 49). Véase el horario de la cremallera en la pág. 14. Regreso desde Queralbs hasta el Pont de Daió: ½ h.

Por el **Pont de Daió** pasamos al otro lado del Riu del Freser y caminamos por el sombrío camino cerca del arroyo. Cruzamos el Torrent del Salt del Grill, que fluye a la izquierda, por una pasarela de hormigón. A continuación nuestro camino sube fuertemente, de vez en cuando con etapas más llanas, por la empinada ladera cubierta de helechos, arbustos y pequeños árboles. Mientras que el valle se ensancha y abre momentáneamente, llegamos a unas laderas menos escarpadas con una pendiente moderada del camino. A la izquierda nos acompañan las magníficas formaciones rocosas que se desploman desde el Torreneules. Alternando constantemente las pendientes fuertes con las moderadas llegamos a un bonito y amplio allanamiento del valle llamado **La Paradella**, 1.450 m.
Nuestro camino discurre por hierbas altas con numerosas flores hasta el final del ensanchamiento del valle y allí cruza el Riu del Freser por una **pasarela de madera**. Un umbral rocoso valle arriba bloquea el camino a lo largo del arroyo, por lo que tenemos que evitarlo a la derecha por la ladera del valle. Ahora comienza un tramo con una pendiente fuerte y continua y nu-

Despeñaderos a lo largo del »Camí dels Enginyers«.

merosas curvas a través de laderas pobladas de bosques y flores que nos
lleva por encima del arroyo del valle y nos abre unas bellísimas vistas de las
formaciones rocosas del otro lado del valle. El contraste entre la ladera densamente poblada de árboles por la que caminamos y las escabrosas fachadas rocosas de enfrente, divididas por laderas con hierba y escarpados canales, resulta obvio. A través de laderas cubiertas de hierba y rocas y prácticamente sin árboles, el camino sube en dirección a un estrechamiento del
valle, cruza por la ladera y finalmente se vuelve mucho más llano; al mismo
tiempo divisamos el Pla de Coma de Vaca (también figura como »Planell de
les Eugues«). En la extensa llanura con pastos y numerosos brazos de arroyo confluyen varios valles. Ahora nuestro camino se dirige hacia la llanura
del valle –en la ladera de enfrente se ve bien el comienzo del »Camí dels
Enginyers«– y da un pequeño rodeo por el valle secundario del Torrent de

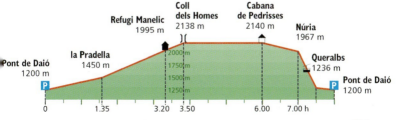

163

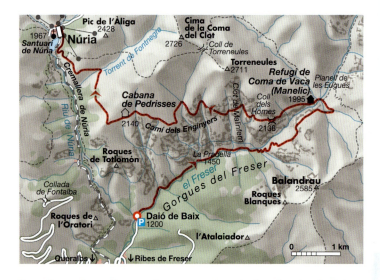

Bogadé, por el que ahora continuamos por la parte derecha o izquierda hasta el puente de metal por encima del Riu del Freser, donde pasamos hasta el **Refugi Manelic**, 1.995 m.

Por detrás del refugio, a la izquierda y por debajo de un pluviómetro, comienza el »Camí dels Enginyers«, señalizado en blanco y rojo. Este enseguida sube por la ladera del valle hasta el **Coll dels Homes**, 2.138 m. El collado es un bonito mirador con vistas de las Gorgues del Freser y del Puigmal al otro lado. Bajando ligeramente el camino atraviesa ahora las laderas con hierba, en algunas partes por encima de bloques de roca, y a continuación supera una cresta rocosa. Por el camino siguiente todavía cruzamos varias crestas de este tipo que a menudo presentan fantásticas formas. Después nuestro camino se dirige hacia una sección fuerte con empinadas paredes rocosas –»Clot de Malinfern«–, aquí apenas podemos imaginarnos cómo prosigue el camino. Viramos hacia el escarpado barranco y llegamos a una canal llena de bloques de roca, donde (¡atención!) no seguimos un rastro de camino que parece continuar, sino que subimos por los bloques unos 10 m de altura hasta la pared rocosa, donde también se ven símbolos. Con mucha pendiente, incluso trepando un poco, subimos pegados a la pared rocosa, en la que hay una cuerda para ayudarnos. Enseguida el camino vuelve a despejarse y con una pendiente fuerte de aquí en adelante llegamos a otro pequeño collado, adornado por una peculiar figura de roca. Bajando de nuevo llegamos al siguiente collado, después vamos otra vez algo cuesta abajo y a continuación subimos hasta un paso más ancho. Al cabo de unos minutos por laderas cubiertas de hierba y flores volvemos a subir, nuestro camino recorre un valle con un arroyo, trepamos un poco y seguimos caminando por el otro lado del valle a la misma altura. Al rato el camino sube de nuevo hasta un saliente en la ladera y gira otra vez hacia un valle en el que las rocas ceden el paso ahora a las faldas con hierba. Cruzamos un arroyo y nos mantenemos un rato al mismo nivel. Por delante de un bonito arco de roca situado a la izquierda y algo por debajo del camino, nos dirigimos al llamativo saliente rocoso de »Castellcervós«, detrás del cual tenemos a la vista el alto valle de Nuria. Por un camino llano proseguimos hasta la **Cabana de Pedrisses**, 2.140 m, situada un par de metros más alta en la ladera. Acto seguido el camino gira por fin hacia el valle de Nuria. Por encima del barranco atraviesa suaves laderas con hierba, cruza el Torrente de Fontnegra y, a la altura de una gran cruz, se une al »Camí de les Creus« (camino de las cruces). Aquí, o bien bajamos por la pista hasta **Núria** o en la siguiente curva a la izquierda tomamos el atajo que se desvía a la derecha.

Vista del Puigmal al otro lado.

Por la cresta limítrofe en el alto valle de Nuria, 2.799 m

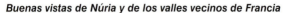

Buenas vistas de Núria y de los valles vecinos de Francia

Alejados del bullicio de Núria, emprendemos esta apacible ruta circular por la región fronteriza con Francia con bonitas vistas de montañas y valles hacia ambos lados. Quien tenga una buena forma física y el tiempo suficiente, puede ampliarla con una excursión a la cima del Pic de Noufonts o regresando por el romántico valle de Eina, incluso puede dividirla en dos días.

Lugar de referencia: Queralbs, 1.236 m.
Punto de inicio: Santuari de Núria, 1.967 m. Se llega con la cremallera o por el »Camí Vell« por el valle de Nuria (véase la ruta 49).
Desnivel: Aprox. 850 m.
Dificultad: Ruta circular sin problemas.
Señalización: GR-11; marcas en piedras.
Dónde comer: Núria; Queralbs.
Mapa: Ed. ALPINA: Puigmal – Vall de Núria-Ulldeter, 1:25.000.
Observaciones: Véase el horario de la cremallera en la pág. 14.
Variante: Pic de Noufonts, 2.861 m. Desde el Coll de Noufonts se alza el bonito Pic de Noufonts como prolongación de la línea de la cresta. La seguimos por el camino visible a la derecha de la cresta. Atención: el camino llano que se desvía a la derecha del puerto conduce por la parte francesa al Coll d'en Bernat. Con una pendiente muy fuerte, el camino sube serpenteando por la elevación de la cumbre, al final aumenta otra vez la pendiente y llega al sorprendentemente llano Pic de Noufonts, 2.861 m, con una cruz en su

cima. Desnivel: 210 m. Duración: desde y hasta el Coll de Noufonts aprox. 2 h.
Regreso por el valle de Eina. En el Pic de Noufonts, junto al símbolo CEF de hierro forjado, tomamos el camino de la cresta que baja en dirección al Pic d'Eina. Este pasa el pequeño collado (2.734 m) desde el que se alza hacia el norte el Pic d'Eina sin perfil, prosigue durante un rato más o menos llano y a continuación baja por un terreno pedregoso hasta el ancho **Coll d'Eina**, 2.684 m, con vistas del valle d'Eyne francés. Desde el collado torcemos hacia la falda sureste del Puig del Coll d'Eina siguiendo los hitos y las marcas azules. El camino desciende rápidamente por la ladera, que primero presenta un terreno pedregoso y luego hierba, y se transforma en curvas que llegan relativamente cerca al final del valle, junto al arroyo. Lo cruzamos y caminamos por la parte izquierda del camino batido en dirección a la salida del valle hasta el puente antes de Núria. Desnivel a partir del Coll de Noufonts: ascenso 210 m, descenso 900 m. Duración desde el Coll de Noufonts: 3½ h.

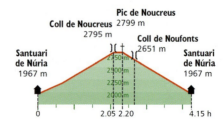

Pic de Noucreus 2799 m
Coll de Noucreus 2795 m
Coll de Noufonts 2651 m
Santuari de Núria 1967 m
Santuari de Núria 1967 m
2450 m
2300 m
2250 m
2000 m
0   2.05 2.20   4.15 h

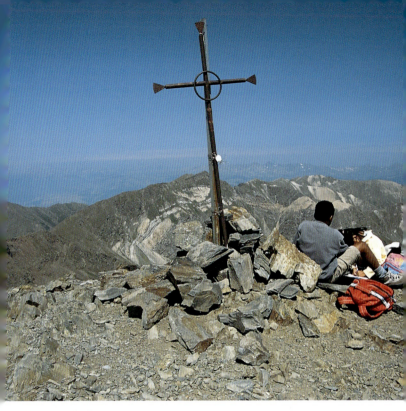

En el Pic de Noufonts.

En **Núria** vamos desde la estación de la cremallera hasta la estación de la telecabina en el valle, tomamos la pista a la izquierda, por delante de un telesilla y proseguimos hasta la estación meteorológica. Después llegamos a un antiguo puente de piedra con indicador que muestra todo recto la Vall d'Eina, a la derecha, nuestro destino. Vamos hasta el otro lado del arroyo y allí subimos un par de metros de altura por la ladera hasta el sendero GR, por el que al cabo de unos minutos nos escontramos con una pista de esquí. Seguimos por ella hasta una ramificación señalizada del camino, donde continuamos todo recto por el sendero y a lo largo del arroyo hasta el Pont de l'Escuder. Aquí se unen los valles del Torrent de Noufonts y del Torrent de Noucreus. Cruzamos el puentecillo de madera y acto seguido subimos hasta el indica-

Coll de Noucreus: puerto de las »nueve cruces«.

dor del camino (2.180 m), situado a la derecha y un poco más alto, donde proseguimos en dirección »Nocreus«. Nuestro regreso se realiza por el GR-11 que se desvía aquí. Ahora caminamos con una cómoda pendiente por laderas con hierba y sin árboles en dirección hacia el valle. De vez en cuando, el valle con pastos nos muestra, con las laderas parcialmente erosionadas, un sencillo aspecto y pocos puntos de referencia. En el ondulado final del valle el camino empieza a subir y a continuación traza curvas abiertas que ascienden por la pedregosa falda del collado. Por debajo de la cresta rocosa cruzamos a la izquierda hasta el llano **Coll de Noucreus**, 2.795 m. Este puerto con magníficas vistas está decorado con nueve cruces.

Tomamos el GR-11 hacia el oeste por la loma de la cresta. Este pasa por delante del poco vistoso **Pic de Noucreus**, 2.799 m, y luego baja rápidamente hasta el **Coll de Noufonts**, 2.651 m, en el que hay un refugio de piedra. Aquí (véanse las variantes) dejamos la cresta limítrofe y seguimos por el GR-11 que baja a la izquierda por las empinadas laderas. A partir de la fuente »Nou Fonts«, a la derecha del camino, la pendiente disminuye considerablemente y acompañamos al Torrent de Noufonts, que atraviesa el valle de forma pintoresca. Después de unas curvas abiertas del camino, a la altura del pequeño puente volvemos a encontrarnos con el camino de ida, por el que regresamos a **Núria**.

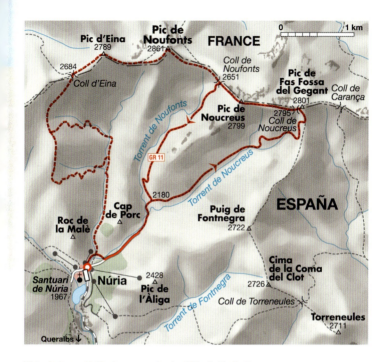

Vista de las montañas francesas desde el Pic de Noufonts.

Índice alfabético

Vocabulario catalán para senderistas

aigüestortes	aguas tortuosas	gorga, gorgues	garganta
arriu	río	lac, llac	lago
bahns	baños	mas	masía
barranc	barranco	montanha	montaña
cabana	cabaña	pas	paso difícil
cal, can	casa	pic	pico
camí, camin	camino	plá, plan, planell	llano
cap	cumbre, pico, cabeza	pleta	recinto y majada
castell	castillo	pont, pontet	puente
cim	cima, cumbre	port, portarró	puerto, paso en una
circ	circo		cresta
clot	circo pequeño, también	prado, prat	prado
	hondonada rodeada de	puig	cima, colina
	alturas	rec	arroyo
coll	collado, puerto	refugì	refugio
coma	valle pequeño, parte	restanca	estanque
	superior de un valle	ribèra	ribera
coret	puerto	riu	río
embassada	embalse	roc	roca
escales	escaleras	santuari	santuario
estanh, estany	lago	serra, serrat	sierra
estret	estrecho	torrent	torrente
font	fuente	tuc	pico, punta
glaçat	helado	vall	valle

Abreviaturas

GR	Sendero de Gran Recorrido; señalización en blanco y rojo
ARP (**HRP** en Francia)	Alta Ruta Pirenaica
PRC	Sendero de Pequeño Recorrido de Catalunya; señalización en blanco y amarillo o en amarillo

Val d'Aran

Situado al norte del macizo pirenaico de más altura, el Valle de Arán estuvo separado durante mucho tiempo de sus provincias colindantes. Aunque existía una conexión con la región oriental vecina de Pallars Sobirà a través del Port de la Bonaigua, de más de 2.000 m de altura, el acceso meridional desde el valle del río Noguera Ribagorçana suponía una gran dificultad. Pasar la estrecha y elevada barrera rocosa entre los macizos de la Maladeta y Besiberri resultaba complicado incluso en verano y en invierno, completamente imposible. La ubicación aislada de la Val d'Aran contribuyó en gran medida a que en la región se conservaran el idioma y las costumbres locales durante largo tiempo.

La construcción del túnel de Vielha liberó al Valle de Arán de su ostracismo geográfico y promovió su ascenso turístico, lo que le permitió convertirse en una de las zonas de senderismo más populares del Pirineo español. Prácticamente cercado por elevadas cadenas montañosas que solo se ven interrumpidas de forma categórica por el valle del río Garona en la frontera con Francia, este valle ofrece multitud de posibilidades para practicar senderismo. El abanico abarca desde rutas de alta montaña a las cumbres del imponente macizo de Besiberri hasta caminatas por angostos valles que se conservan igual que en sus orígenes, como el del río Torán, en cuyos densos bosques podemos perdernos con facilidad. Por supuesto, los circos glaciares de la zona que limita al norte con el Parque Nacional de Aigüestortes y

En el alto valle de Gerber en dirección al Pic d'Amitges.

Estany de St. Maurici, con su fantástico hervidero de lagos de montaña, ocupan el primer puesto entre las preferencias de los senderistas. A los impresionantes circos alrededor de los refugios de Restanca, Colomèrs y Saborèdo se llega bien desde Artiés, Salardú y Tredòs atravesando los valles que avanzan hacia el sur; para ello se pueden hacer multitud de rutas de un día y ascensos de montaña (Montardo d'Aran) que no suponen mayor esfuerzo. Para quienes deseen hacer una travesía, estas rutas forman también los accesos más bonitos para adentrarse en el corazón del Parque Nacional.

Al echar un vistazo al mapa del Valle de Arán descubrimos que aquí el turismo de invierno también se ha hecho un hueco. Sin embargo, los telesillas y las pistas de Baqueira Beret al este de la región son la única concesión reseñable por el momento, y además ni siquiera perjudican al bonito entorno montañoso del macizo de Marimanha. Solo un par

De camino al Montardo d'Aran (ruta 4).

de pasos y caminaremos junto a arroyos y cuesta arriba a través de faldas cubiertas de hierba para llegar a lagos azules o a discretas cimas en la cresta con vistas espectaculares. ¡En ningún lugar el macizo de la Maladeta con el Pico de Aneto se presenta de forma tan enérgica como desde las elevaciones y montañas alrededor del Plan de Beret! Este amplio valle, que en verano sirve como pasto para el ganado, es además el punto de inicio de una ruta muy popular a través del valle en el que nace el río Noguera Pallaresa. Los destinos son el Santuario de Montgarri y el pueblo deshabitado del mismo nombre, que se dio a conocer por la suerte de sus habitantes, que se resistieron a abandonarlo hasta el último momento.

Igual de popular, aunque por otros motivos, es el valle de Artiga de Lin al suroeste del Valle de Arán. Aquí, en la imponente cascada de Uelhs deth Joèu (ojos de Júpiter), vuelven a salir a la luz las aguas del deshielo del Pico de Aneto, que desaparecen en Forau dels Aigualluts. Según la leyenda local se trata de las auténticas fuentes del río Garona, el posterior Garonne.

Pequeño recorrido circular en el valle de la Artiga de Lin

Tan solo un par de coquetos refugios adornan el verde valle de la Artiga de Lin, al oeste de Vielha. Este largo valle es un popular destino excursionista y cautiva por sus atracciones naturales. La legendaria cascada de Uelhs deth Joèu vuelve a escupir las aguas glaciares del macizo del Aneto, que desaparecen en una cueva en Forau dels Aigualluts, y el final del valle es el escenario perfecto para dar un agradable paseo. Bancos de piedra, mesas y barbacoas nos invitan a hacer un picnic bajo la sombra de los árboles.

Lugar de referencia: Es Bòrdes, 860 m.
Punto de inicio: Aparcamiento cerca de Uelhs deth Joèu, 1.390 m. En Es Bòrdes seguir la señalización Artiga de Lin 7,7 km hasta el aparcamiento señalizado.
Desnivel: 80 m.

Dificultad: Recorrido circular sencillo a modo de paseo.
Señalización: Indicadores.
Dónde comer: En ningún sitio durante el camino; Es Bòrdes.
Mapa: Ed. ALPINA: Val d'Aran, 1:40.000.

La cascada de Uelhs deth Joèu.

En el **aparcamiento** seguimos la señalización del camino hasta la impresionante cascada de Uelhs deth Joèu. Por una pasarela metálica cruzamos hasta el otro lado del arroyo, donde subimos enérgicamente a través de un bonito bosque mixto y llegamos a un portal de piedra. Nos mantenemos a la derecha por el camino bordeado por hierbas altas y flores hasta un segundo portal de piedra, detrás del cual se abre el **Plan dera Artiga de Lin**, 1.465 m, un llano cercado por elevadas cadenas montañosas. Continuando por la antigua pista en el fondo del valle atravesamos el Barranc des

Plan dera Artiga de Lin 1465 m

Cabana dera Artiga de Lin 1470 m

1390 m   1390 m

0   0.45   1.45   3.00 h

Uno de los refugios típicos del valle de la Artiga.

Pois y llegamos a la **Cabana dera Artiga de Lin**, 1.470 m, a la izquierda del camino. Por detrás se muestra un pequeño circo de montaña. Pasamos por un puente por encima del Barranc dera Ribera y un poco más adelante estamos a la altura del Refugi dera Artiga de Lin. Desde aquí sube un sendero señalizado en blanco y amarillo (PR 115.1) hasta el Port dera Picada, un puerto que comunica los valles de Arán y de Benasque. Desde el refugio tomamos la pista asfaltada y en pocos minutos regresamos al **aparcamiento**.

Montaña panorámica en el Valle de Arán occidental

El Tuc de Montcorbison es una auténtica mole: ancha, corpulenta y sin forma, pero a cambio nos ofrece las mejores vistas y es fácil de subir. Al ser la montaña de Vielha, desde aquí una ruta sube a lo más alto, aunque el duro desnivel de más de 1.000 metros no merece demasiado la pena. Nosotros lo hacemos más fácil y empezamos a la altura de la Bassa d'Oles. El lago es un popular destino excursionista.

Lugar de referencia: Vielha, 980 m.
Punto de inicio: Aparcamiento de la Bassa d'Oles, 1.600 m. Desde Vielha por la carretera señalizada hasta Gausac, desde aquí continuar subiendo por la carretera de montaña, señalizada y llena de curvas, hasta la Bassa d'Oles.

Desnivel: 575 m.
Dificultad: Ruta sin problemas.
Señalización: PR-115; marcas en piedras.
Dónde comer: En ningún sitio durante la ruta; Vielha.
Mapa: Ed. ALPINA: Val d'Aran, 1:40.000.

El punto de inicio es el refugio forestal de la **Bassa d'Oles**. Aquí, junto a una señal de prohibido también se distinguen las señalizaciones amarillas y blancas del PR-115. Tomamos la pista que sale a la izquierda del refugio forestal; esta nos lleva a través de una zona húmeda y tuerce a la izquierda hacia unos prados con un gran refugio. Pasamos la Bòrda dera Vila, la pista

Borda d'Era Villa.

Durante el ascenso al Montcorbison: las cumbres del Parque Nacional.

se pierde y se convierte en un sendero que entra en el bosque y sube por él. A la altura de la **Bòrda de Tomás**, (1.690 m) un refugio derruido, cambia abruptamente de dirección para bordear a continuación los pies del Montcorbison. Continuamos por el camino PR, que sube ligeramente, pero a unos 350 m por detrás de las ruinas giramos a la izquierda junto a las marcas en la piedra para torcer hacia la cresta cubierta de hierba, que desciende desde el bien visible Montcorbison. Si perdemos el acceso, que está mal señalizado, esta cresta también nos sirve en todo momento como guía para el ascenso y nos conduce por el sinuoso camino de la loma, acompañada por cañadas más o menos batidas, hasta el **Montcorbison**, 2.174 m. El repetidor de los bomberos de Vielha decora el magnífico mirador.

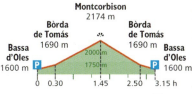

¡Un idílico lago de montaña!

Lac de Mar: un nombre muy curioso para un lago de montaña a 2.250 m de altura. Pero todo concuerda con un »lago marino«: el color del agua, el tamaño, las numerosas bahías y una isla rocosa en el medio. Un pequeño mar ante un magnífico escenario montañoso dominado por el Besiberri al norte. Quien tenga la suficiente resistencia puede prolongar el camino de media hora hasta el extremo sur del lago, donde los prados y los arroyos invitan a descansar.

Lugar de referencia: Artíes, 1.140 m.
Punto de inicio: Aparcamiento en el Pònt deth Ressèc, 1.395 m. Desde Artíes (señalización »Restanca«) por la pista asfaltada hacia el sur aprox. 7 km a la derecha del arroyo hasta el aparcamiento obligatorio con caseta de información.
Desnivel: 880 m.
Dificultad: Ruta sin dificultad técnica con tramos de ascenso más fuertes.
Señalización: GR-11 (rojo y blanco) y amarilla y blanca.
Dónde comer: Refugi dera Restanca; Artíes.
Mapa: Ed. ALPINA: Val d'Aran, 1:40.000 o Vall de Boí, 1:25.000.
Observaciones: Desde el Pont deth Ressèc hasta el Pontet de Rius circulan taxis 4x4 (véase la pág. 14).
Variante: Lac de Mar – Colhada de Lac de Mar – Lac Tòrt de Rius – Lac de Rius – Refugi dera Restanca. Una ruta circular, tan variada como exigente en cuanto a condición física, por la que superamos un puerto muy empinado y atravesamos dos valles colindantes. La duración total desde y hasta el Pont deth Ressèc es de 8–9 h, aprox. 1.200 m de desnivel. En el extremo

sur del Lac de Mar el sendero se prolonga directamente hacia la escarpada falda sureste de Grinches de Rius. Multitud de curvas y una subida con una fuerte inclinación, después arcos más largos a los que les sigue una empinada etapa con pequeños tramos de trepada. A continuación con pendiente reducida hasta la **Colhada de Lac de Mar**, 2.502 m. Por un camino con un descenso moderado (hitos) bajamos hasta los lagos, donde nos mantenemos siempre a la derecha y a través del hermoso paisaje de granito por delante del gran **Lac Tòrt de Rius**, 2.350 m, hasta el **Lac de Rius**, 2.320 m. En la parte oriental de este lago nos encontramos con el GR-11, aquí vamos a la derecha por el valle de Rius –al principio seco y sepultado por rocas, aunque poco a poco se va volviendo más verde y ancho– en dirección a su salida. En la falda derecha del valle el camino discurre por un ondulado terreno de pastos y sube un poco antes de bajar rápidamente hacia un valle lateral apenas pronunciado. Al otro lado de la falda enseguida volvemos a ir cuesta arriba y, cerca de los postes de electricidad, subimos enérgicamente hasta la presa del lago de la Restanca.

En el **aparcamiento** seguimos por la pista hasta el **Pontet de Rius**, 1.647 m. Justo después, a la altura de una caseta con letreros del camino, comienza el ascenso hasta el refugio. El pedregoso camino sube serpenteando a través de un bosque de abetos y pinos; la pendiente disminuye en cuanto tenemos a la vista la gran presa del lago de la Restanca. Manteniéndonos a la derecha llegamos a la presa, por la que pasamos hasta el **Refugi dera Restanca**, 2.010 m.

Junto al refugio seguimos la indicación »Lac de Mar«, dejamos a la izquierda el GR-11.18 al Coll de Crestada y enseguida cruzamos un arroyo y llegamos, después de un forzado ascenso, a un tramo con pastos. Cruzamos por varios puentecillos los brazos del arroyo ramificados y proseguimos por el sendero señalizado en amarillo y blanco hasta el otro lado de la falda, donde se transforma en una cómoda pendiente en zigzag, a continuación se allana y finalmente llega al extremo norte del **Lac de Mar**, 2.250 m.

Para ir al extremo sur del lago nos mantenemos por la orilla izquierda siguiendo un sendero señalizado con hitos por las colinas y, de vez en cuando, por zonas con bloques más pequeñas. Manteniendo la distancia con el lago la mayoría de las veces para evitar las numerosas bahías, el sendero nos conduce hasta la hermosa zona al sur del lago.

El regreso se realiza por la misma ruta o por la variante.

Por la montaña por excelencia del Valle de Arán

Esta es para muchos una montaña cargada de simbolismo. Pero a diferencia de otras cumbres, la imponente pirámide rocosa con su escarpada fachada norte ya nos ofrece una impresionante imagen durante el acceso a través del Valartíes, sobre todo la vista desde la cima, sorprendentemente suave. Entremedias descubrimos un ascenso cautivador y paisajísticamente maravilloso del que deberíamos disfrutar tomándonos el tiempo necesario.

Lugar de referencia: Artíes, 1.140 m.
Punto de inicio: Refugi dera Restanca, 2.010 m, (duración aprox. 1½ h, véase la ruta 3).
Desnivel: 825 m.
Dificultad: No supone demasiada dificultad técnica.
Señalización: GR-11.18; hitos.
Dónde comer: En ningún lugar durante la ruta; Refugi dera Restanca.
Mapa: Ed. ALPINA: Val d'Aran, 1:40.000 o Vall de Boí, 1:25.000.
Variante: Refugi Ventosa i Calvell. Desde el Coll de Crestada bajamos hasta el **Estany de Monges**. Allí seguimos por el camino marcado cerca del lago hasta una ramificación visible en la que tomamos el camino que se desvía a la izquierda hacia la desembocadura del arroyo en el extremo sur del **Estany de les Mangades**, 2.400 m. En este lugar cruzamos el arroyo

y tomamos el camino que ahora baja con más intensidad, pero está menos marcado, en dirección sur. En cuanto tenemos a la vista una parte del Estany de Travessani tomamos una senda izquierda, que sube brevemente y a continuación nos conduce cuesta abajo hasta el pequeño **Estany Clot**, 2.282 m. Dejamos el lago a la izquierda; el camino discurre al pie de las faldas de los picos rocosos del Travessani y pasa por delante de la orilla sur del Estany de Travessani manteniendo la distancia con él. Más abajo divisamos el Estany Negre y después también el refugio situado por encima del lago. Por delante del arroyo que va hacia el Estany Negre nos mantenemos a la izquierda en dirección al **Refugi Ventosa i Calvell**, 2.215 m. Metros verticales: aprox. 500 m; duración 2.45 h. Para la descripción del ascenso al refugio desde Boí véase la ruta 14.

Desde el **Refugi dera Restanca** seguimos por el sendero señalizado GR-11.18. Por la parte izquierda de la falda y subiendo en zigzag, el sendero se aproxima poco a poco al arroyo y sube junto a él hasta el **Lac deth Cap deth Pòrt**, 2.230 m. Nos mantenemos por la orilla izquierda del lago y recorremos la encantado-

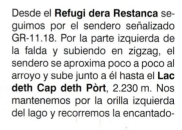

Espectáculo desde la cumbre: Lac deth Cap deth Pòrt, lago de la Restanca y Lac de Mar.

ra superficie del valle en dirección a la pendiente con guijarros, en cuyo borde sobresale un prominente pico rocoso: nuestro paso se encuentra a su derecha. El camino va en primer lugar a la izquierda y cerca de la depresión del valle, rodea un desprendimiento de tierra por la izquierda y acto seguido se dirige a la depresión del valle llena de bloques, donde los símbolos del GR y los hitos nos guían a través de los escombros. Por delante del pico rocoso y a la derecha llegamos al **Coll de Crestada** (2.475 m) y a la linde del Parque Nacional de Aigüestortes y Estany de St. Maurici. Por detrás de nuestro paso el camino se ramifica: bajando a la derecha hacia el Estany de Monges llegamos al Refugi Ventosa i Calvell (véase la variante). Ahora continuamos durante un rato por el GR, bajamos un poco y a continuación lo dejamos a la izquierda a la altura de unos hitos bien visibles. Subimos la falda en dirección norte por el sinuoso sendero y nos dirigi-

mos a la ancha barrera de rocas. Guiándonos por los numerosos hitos llegamos a la nivelada cresta sureste del Montardo. Aquí vamos hacia la izquierda por el camino llano hasta el pequeño collado situado entre la escabrosa antecima y la amplia y abrupta loma de la cumbre. Al pie de esta el camino se divide: aquí o bien nos dirigimos hacia el flanco este a través de un terreno pedregoso, o bien proseguimos a mano derecha de la rocosa loma de la cumbre por pistas batidas y con curvas hasta el **Montardo d'Aran**, 2.833 m.

Refugi de Colomèrs, 2.138 m, y Pòrt de Ratera, 2.594 m

Idílicos lagos de montaña y unas amplias vistas del Parque Nacional oriental

El Circ de Colomèrs es uno de los circos más grandes e importantes de todo el Pirineo. En este grandioso paisaje de granito hay más de 40 lagos repartidos entre distintos niveles que dan testimonio a cada paso de la modelación del paisaje montañoso por parte de los glaciares de la última era glacial.

Lugar de referencia: Salardú, 1.280 m.
Punto de inicio: Aparcamiento delante de Banhs de Tredòs, 1.760 m. Desde Salardú por la pista asfaltada a través del valle de Aiguamòg hasta el aparcamiento obligatorio con caseta informativa.
Desnivel: 835 m.
Dificultad: Ruta muy larga sin complicaciones especiales.
Señalización: Amarilla y blanca (PR) y GR-11.
Dónde comer: Refugi de Colomèrs; Banhs de Tredòs.
Mapa: Ed. ALPINA: Val d'Aran, 1:40.000

o Vall de Boí, 1:25.000
Observaciones: Desde el aparcamiento hasta el sendero que se desvía de la pista circulan taxis 4x4 (véase la pág. 14, acceso).
Combinación de rutas: Con la ruta 21.

Como alternativa a la caminata por la pista elegimos el »**Camin dera Montanheta**«, muy interesante desde el punto de vista paisajístico. Con una señalización en amarillo y blanco, este camino comienza al final del aparcamiento, en el lado izquierdo del Arriu d'Aiguamòg; en frente se encuentran los Banhs de Tredòs (baños termales con hotel). Durante la ruta toca tangencialmente la pista en el lugar donde vuelve a estar señalizado, más tarde cruza el arroyo y a continuación discurre a la derecha de una hoya del valle por la que serpentea el arroyo: Aigüestortes. Después atraviesa un extenso valle y acto seguido el camino se topa con la pista con la señalización »Colomèrs«. A partir de aquí continuamos a lo largo de la pista o por los atajos hasta el letrero »Refugi Colomèrs«; luego la pista traza una curva y discurre de nuevo hacia la salida del valle. A la izquierda comienza ahora el fuerte ascenso por un valle pequeño y estrecho hasta una idílica altiplanicie, las Planhòles dera Lòssa, con meandros del arroyo y un pequeño lago que lleva el mismo nombre. Seguimos por el borde del llano hasta el cartel »Ref. Colomèrs«, donde torcemos a la derecha y cruzamos el arroyo que sale del lago de Colomèrs. (El camino situado en el lado derecho del arroyo también lle-

Refugi de Colomèrs.

va al refugio, pero la pendiente es mucho más fuerte). Las numerosas sendas de la ladera situada ante nosotros dan muestra de la alta afluencia de este refugio guardado durante todo el año. Llegamos al extremo izquierdo de la presa y vamos por ella hasta el **Refugi de Colomèrs**, 2.138 m.

Para continuar la ruta tenemos que volver al otro extremo de la presa, donde el GR-11, orientado hacia el este, sube por una vereda de la falda hasta un pequeño collado entre dos elevaciones, el **Coret Clòto**, 2.199 m. Ahora bajamos tranquilamente hasta el alargado Lac Long, aquí proseguimos cerca de la orilla en todo momento hasta el diminuto Lac Redon y subimos cómodamente hasta el **Lac Obago**, 2.230 m. Caminamos hasta el extremo sur, pero a la altura de una bifurcación nos mantenemos en oblicuo a la izquierda. A continuación la pendiente del camino aumenta e inmediatamente va subiendo en zigzag la falda hasta el Pòrt de Ratèra de Colomèrs, por detrás del cual nuestro camino se une al GR 11.4 procedente del Refugi de Saborèdo. Pasamos por delante del charco situado a mano izquierda y a la altura del extenso puerto llegamos al **Pòrt de Ratèra d'Espot**, 2.594 m, con fantásticas vistas de la región montañosa que rodea Amitges.

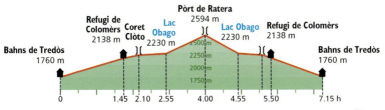

Lagos que se suceden como cuentas de un collar

Visto desde arriba, el circo de Colomèrs parece un cuenco de roca gigante por cuyo fondo se reparten numerosos y brillantes lagos. El »Circuit dels Estanys de Colomèrs« pasa por más de una docena de estas joyas y, al cruzar la cresta rocosa que parte del Tuc de Pòdo y divide el circo en dos, también nos da una idea integral de esta magnífica obra de la naturaleza.

Lugar de referencia: Salardú, 1.280 m.
Punto de inicio: Refugi de Colomèrs, 2.138 m. Para el ascenso al refugio véase la ruta 5.
Desnivel: Aprox. 500 m.
Dificultad: Ruta muy exigente en cuanto a condición física.
Señalización: Roja (»Circuit dels Estanys de Colomèrs«).
Dónde comer: Ref. de Colomèrs; Salardú.

Mapa: Ed. ALPINA: Val d'Aran, 1:40.000 o Vall de Boí, 1:25.000.
Variante: Pequeño recorrido circular por los lagos cercanos al Lac Major de Colomèrs. El camino señalizado en amarillo comunica los lagos de Garguilhs de Jos, 2.200 m, y Esthan Plan, 2.190 m. En la parte norte del Lac Long se encuentra con el GR-11. Duración total desde y hasta el Ref. de Colomèrs: 1½ h; desnivel: 120 m.

Comenzamos nuestra ruta circular en el **Refugi de Colomèrs** siguiendo por el camino señalizado en blanco, rojo y amarillo, que a la derecha del embalse sube por la ladera. A los pocos minutos el GR se desvía a la derecha hacia el Port de Caldes, a partir de aquí nuestro camino solo está señalizado en amarillo y rojo. Pasa por delante del antiguo Refugi de Colomèrs y se mantiene un rato cerca de la orilla antes de superar una primera elevación de la ladera con un fuerte ascenso. Detrás de esta elevación nos encontramos con el **Estanh Mòrt**, 2.210 m. Dejamos el lago a la derecha y tras un breve ascenso el camino se ramifica de nuevo: a la izquierda continúa el pequeño recorrido circular por los lagos (véase la variante) y a la derecha –y a partir de aquí solo señalizada con rayas rojas–, prosigue nuestra ruta. El camino se dirige hacia una elevación rocosa cortada por un arroyo, se aproxima al arroyo, que cruzamos en el lugar indicado, y sube hasta el **Garguilhs de Sus**, 2.315 m. Pasando por delante del lago a la izquierda, el camino sube ligeramente hasta los **Estanhets deth Pòrt**, 2.375 m. Por el extenso y relativamente llano terreno cubierto de hierba y rocas se esparcen numerosos lagos. En el camino de puerto que inmediatamente se desvía a la derecha hacia el Pòrt de Colomèrs nos mantenemos todo recto, ante

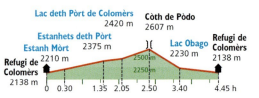

Lac deth Pòrt de Colomèrs 2420 m — Còth de Pòdo 2607 m — Estanhets deth Pòrt 2375 m — Estanh Mòrt 2210 m — Refugi de Colomèrs 2138 m — 2500 m — 2250 m — Lac Obago 2230 m — Refugi de Colomèrs 2138 m — Refugi de Colomèrs 2138 m — 0   0.30   1.35   2.05   2.50   3.40   4.45 h

nosotros se muestran los abruptos flancos montañosos, a cuyos pies se halla el **Lac deth Pòrt de Colomèrs**, 2.420 m. A la izquierda y con cierta distancia pasamos por delante del lago, acto seguido el camino cambia de dirección y sube hacia el este a través de faldas rocosas y colinas. Después de un pequeño lago a mano derecha, enseguida encontramos un excelente refugio de piedra a la izquierda del camino. Llegamos

Los incontables lagos son la característica del Circ de Colomèrs.

a un arroyo que sale de una escarpada elevación del valle; torcemos a la derecha hacia la ladera, la subimos y finalmente cruzamos el arroyo que corre por debajo de grandes bloques de roca. Durante el ascenso tenemos las mejores oportunidades para disfrutar de las panorámicas de la mitad occidental del circo. En primer lugar llegamos al **Estanh Gelat**, 2.590 m, sobre el que se alza la llamativa cúpula de piedra del Tuc de Pòdo. Pasamos por delante del lago a la izquierda y poco después nos encontramos en el **Còth de Pòdo**, que con 2.607 m es el punto más alto de nuestro recorrido.

A continuación, desde el puerto bajamos con fuerza hasta el gran **Lac de Pòdo**, 2.450 m, cuya orilla rozamos durante un instante. Subiendo ligeramente, el camino desfila a la derecha ante dos lagos más pequeños y después se dirige hacia el ya visible Lac Obago, que con sus sinuosidades en forma de tijera resulta inconfundible. El camino, que ahora baja fuertemente, llega primero al **Estanh Solet**, 2.270 m, y justo detrás, a la altura del **Lac Obago**, 2.230 m, se une al GR-11 que sube al Pòrt de Ratera (véase la ruta 5). Seguimos este sendero por la orilla izquierda del lago y acto seguido pasamos por delante del Lac Redon y el Lac Long, por detrás del cual el camino sube al **Coret Clòto**, 2.199 m. Desde el pequeño collado seguimos bajando hasta la presa y el **Refugi de Colomèrs**.

Un apacible paisaje lacustre en el Valle de Arán oriental

¡Prácticamente increíble! Cerca de una de las mayores estaciones de esquí de España hallamos una tranquila zona de lagos en un bonito entorno montañoso. Atravesando el valle del río Malo caminamos primero hasta el pequeño Lac de Baciver y después hasta los lagos situados a más altura, ribeteados por el circo entre los Tucs de Baciver, de Marimanha y dera Lança. Las vistas libres del cercano macizo de la Maladeta con el Pico de Aneto coronan esta sencilla ruta. Quien aún tenga forma física, puede subir al Tuc del Rosari. En la montaña disfrutaremos de una bonita y amplia panorámica.

Lugar de referencia: Baqueira, 1.500 m.
Punto de inicio: Estación de telesilla de Orri, 1.860 m. En Baqueira vamos en dirección a Plan de Beret; antes de la gran estación de esquí por la carretera señalizada hasta el aparcamiento de Orri.
Desnivel: 460 m.
Dificultad: Ruta sencilla.
Señalización: Hitos.
Dónde comer: En ningún sitio durante el camino; Baqueira.
Mapa: Ed. ALPINA: Val d'Aran, 1:40.000.
Variante: Tuc del Rosari, 2.594 m. En cuanto llegamos al extremo del segundo

lago, nos mantenemos durante un rato cerca de la orilla y a continuación torcemos a la derecha. La aislada cumbre del Tuc del Rosari con el puerto situado al norte se distingue fácilmente. El camino se dirige hacia el puerto, al principio sube cómodamente y después atraviesa la ladera, cada vez más empinada, por debajo del collado. En el **Coll del Rosari**, 2.500 m, nos dirigimos hacia el sur y seguimos la loma que sube fuertemente hasta el **Tuc del Rosari**, 2.594 m, con una cruz en la cima. Desnivel: aprox. 280 m; duración ida y vuelta: aprox. 2 h.

En el **aparcamiento** de **Orri** pasamos por el edificio de acceso de los telesillas, por delante de la estación del telesilla grande y después entre el edificio

En el horizonte: macizo de la Maladeta y Pico de Aneto.

del restaurante y la estación del telesilla pequeño, y nos dirigimos directamente a la ladera cubierta de hierba con bloques de granito dispersos. Al rato ya vemos hitos y comienza un camino visible. Tras un ascenso por la ladera atravesamos una bonita llanura del valle a la izquierda del río Malo. En una bifurcación del camino nos mantenemos a la derecha por el camino más estrecho. A través y por encima de bloques graníticos –desprendidos de la cresta rocosa situada a la izquierda sobre nosotros y que ahora »adoquinan« la ladera– nos dirigimos hacia el pequeño final del valle, donde subimos con algo más de intensidad y llegamos al **lago** represado **de Baciver**, 2.140 m. En primer lugar nos mantenemos por el camino de la orilla a la izquierda del lago, cruzamos un arroyuelo y justo después, el arroyo procedente de los lagos superiores. Acto seguido, subiendo siempre a la derecha del arroyo a través de bonitos tramos de ladera que enseguida se quedan sin árboles, llegamos al primero de los **Lacs de Naut de Baciver**, 2.320 m. Por la orilla derecha, al cabo de unos minutos nos encontramos con el segundo lago, situado un poco más alto.

Una discreta cumbre con unas vistas magníficas

Desde luego, el Tuc de Pèdescauç no es una montaña en el sentido más estricto, pero sus grandiosas vistas superan a más de una cumbre. A esto hay que añadir que, con la Vall de Parros, recorremos un bonito y –en gran parte– desconocido valle por delante del cual desfilan senderistas a raudales de camino al Santuario de Montgarri. La soledad está garantizada.

Lugar de referencia: Baqueira, 1.500 m.
Punto de inicio: Gran aparcamiento junto a las estaciones de esquí de Plan de Beret, 1.850 m. Se llega desde Baqueira por la carretera señalizada.
Desnivel: Aprox. 635 m.
Dificultad: Ruta sin dificultades técnicas. Resulta útil tener buen sentido de la orientación, ya que en su mayoría discurre sin camino, aunque por terreno muy factible.
Señalización: Prácticamente ninguna.
Dónde comer: En ningún sitio durante el camino, Baqueira.
Mapa: Ed. ALPINA: Val d'Aran, 1:40.000.
Variante: Santuario de Montgarri, 1.645 m. Lugar de peregrinación y capilla muy visitada cerca del pueblo abandonado de Montgarri, que como muchos pueblos pirenaicos se vio afectado por la despoblación en los años 50 y 60. Como describe la guía hasta la Cabana de Parros, allí continuamos por el camino señalizado, que hasta el Santuario se mantiene siempre a la izquierda del Noguera Pallaresa. Para ir al pueblo de Montgarri cruzamos el río por el puente y a continuación nos dirigimos a la izquierda. Desnivel: 200 m. Duración desde y hasta el aparcamiento de Plan de Beret: 2½ h.

En el aparcamiento de **Plan de Beret** el gran hangar azul sirve como punto de referencia. Allí tomamos el camino forestal, que también conduce hasta el Santuario de Montgarri. Al otro lado del río Noguera Pa-

Observaciones: En muchos mapas el punto culminante se denomina Cap des Clòsos y el Tuc de Pèdescauç se sitúa al este de él e incorrectamente 50 m más bajo.

llaresa la autopista discurre hasta allí. Después de media hora nos encontramos en la Vall de Parros, que va hacia la izquierda; al otro lado del arroyo está la Cabana de Parros. Dejamos el camino de Montgarri, que sigue a la derecha por el valle principal (inicio de la variante). A la altura de la cabaña no continuamos por el camino bien batido que sale hacia el norte, sino que subimos en dirección al valle a la derecha del arroyo.

Al principio pueden reconocerse rastros de senda a lo sumo. Enseguida las laderas del valle se estrechan y tenemos que subir un poco más hasta la linde del bosque, por donde discurre un sendero relativamente más visible que en general se mantiene hasta el Còlh de Clòsos. Tras evitar una pequeña angostura del valle por la falda boscosa, el sendero vuelve a aproximarse al arroyo y le acompaña. Al otro lado del arroyo inmediatamente discurre un sendero paralelo. Subimos cómodamente a través del ancho valle con laderas suavemente onduladas, cada vez más adornadas por alfombras de gencianas que resplandecen en amarillo. Después de un tramo del camino

Un extenso pasto para el ganado en verano: Plan de Beret.

prácticamente llano, el cauce del arroyo se hace visiblemente más profundo, pero antes pasamos al otro lado del arroyo y seguimos por la senda que hay allí hasta que el arroyo tuerce a la derecha. Por la izquierda se le une un brazo de arroyo –en verano suele estar seco– que ahora cruzamos y proseguimos por la senda que se dirige hacia el oeste a través de suaves faldas de collado. A la altura de un pequeño lago hemos llegado al **Còlh de Clòsos**, 2.250 m. A partir de aquí nuestra ruta no tiene camino. A continuación caminamos hacia la izquierda y nos dirigimos hacia la loma occidental del Tuc de Pèdescauç por onduladas faldas de collado, entre las cuales hay varios charcos. La pendiente pronto se vuelve más pedregosa y escarpada, pero podemos subir sin mayor problema hasta la apenas llamativa »cumbre« del **Tuc de Pèdescauç**, 2.416 m.

Para nuestro regreso nos orientamos por la **Collada Bassiola**, 2.280 m, entre nuestra montaña y su vecino del sur, el Tuc de Costarjàs. Las dos charcas del collado son el siguiente destino intermedio. En cuanto llegamos allí seguimos por el sendero a la izquierda de las charcas, que discurre llano a través de la falda oriental del collado. Justo antes de que la ladera suba al

Plan de Beret 1850 m · Cabana de Parros 1780 m · Còlh de Clòsos 2250 m · Tuc de Pèdescauç 2416 m · Collada Bassiola 2280 m · Plan de Beret 1850 m

0 · 0.35 · 2.15 · 3.00 · 3.30 · 4.30 h

Tuc de Costarjàs, torcemos a la izquierda y nos mantenemos ladera abajo; los telesillas y el aparcamiento ya están a la vista. El descenso por las laderas ocasionalmente cubiertas de gencianas amarillas y brezos no supone ninguna dificultad, solo hay que prestar atención de vez en cuando a pequeños hoyos cenagosos en el entorno de los arroyuelos. Manteniéndonos siempre por la parte izquierda del valle llegamos directamente al aparcamiento de **Plan de Beret**.

Vista de las montañas del Parque Nacional desde el Tuc de Pèdescauç.

9 *Vall de Gerber*

2.45 h

Un paisaje de ensueño en un popular valle secundario

Antes de la construcción del túnel de Vielha, el Port de la Bonaigua, con más de 2.000 m de altura, era el único enlace transitable entre el aislado Valle de Arán y España. Hoy el puerto es un conocido destino gracias a sus maravillosas vistas y permite acceder sin esfuerzo al valle de Gerber, cuya calma y encanto animan a numerosos visitantes a hacer una pequeña excursión de montaña en verano.

Lugar de referencia: Baqueira, 1.500 m.
Punto de inicio: Aparcamiento en la carretera de puerto por el Port de la Bonaigua, entre los km 49 y 50, 1.900 m. Un gran panel informativo con índice de rutas de senderismo indica el aparcamiento.
Desnivel: 265 m.
Dificultad: Ruta sencilla.

Señalización: Verde y naranja (»Camí de Gerber«).
Dónde comer: En ningún sitio durante el camino, Baqueira.
Mapa: Ed. ALPINA: Sant Maurici – Els Encantats, 1:25.000 o Val d'Aran, 1:40.000.
Combinación de rutas: Con la ruta 10.

Desde el **aparcamiento** cruzamos la carretera y a la misma altura encontramos el letrero »Vall de Gerber«. Aquí también comienza nuestro sendero, que se dirige hacia el valle a la derecha por la ladera. Primero bajamos un

poco para cruzar el Riu de la Bonaigua, luego vamos subiendo cómodamente por las laderas, al principio despejadas y después cubiertas de pinos y rododendros. Al entrar en el valle la inclinación aumenta y llegamos a un primer lago, **Estanyola de Gerber**, 2.035 m, de forma redonda y con una idílica ubicación. Seguimos por la derecha del lago y a continuación subimos una pequeña escalera del valle. Después el camino vuelve a ser más llano, cruza el arroyo por bloques de piedra y, a la izquierda de un pequeño lago alargado, se dirige hacia una ladera cubierta de bloques. Aquí, a través de una amplia abertura en la roca fluye el arroyo procedente del lago de Gerber. Nuestro camino sube a

En la Estanyola de Gerber.

la izquierda del arroyo por el umbral de la ladera y llega al **Estany de Gerber,** 2.165 m, situado en una profunda cavidad glaciar.

Estany de Gerber
2165 m

Estanyola de Gerber
2035 m

Estanyola de Gerber
2035 m

Port de
la Bonaigua
1900 m

P 2000 m P

Port de
la Bonaigua

0   0.40   1.30   2.15   2.45 h

Ruta paisajística de primera clase coronada por una cumbre

El ascenso normal al Pic d'Amitges suele realizarse desde el sur, partiendo del Refugi d'Amitges en el Parque Nacional de Aigüestortes y Estany de Sant Maurici. Aunque el ascenso por todo el valle de Gerber dura mucho más, nos ofrece la posibilidad de combinar una fantástica ruta por el valle con el ascenso final a una de las cumbres más prometedoras del entorno. Lo mejor es calcular algo más de tiempo para poder disfrutar con total tranquilidad de la variedad de paisajes montañosos.

Lugar de referencia: Baqueira, 1.500 m.
Punto de inicio: Estany de Gerber, 2.165 m. Véase cómo llegar en la ruta 9, duración ida y vuelta: 2¾ h.
Desnivel: 800 m (incluyendo la llegada al Estany de Gerber 1.065 m).
Dificultad: Ruta por valle y cumbres muy larga que requiere gran forma física; sin mayor dificultad técnica.
Señalización: Verde y naranja hasta el Refugi Mataró; después hitos.
Dónde comer: En ningún sitio durante el camino, Baqueira.
Mapa: Ed. ALPINA: Sant Maurici – Els Encantats, 1:25.000 o Val d'Aran, 1:40.000.
Observaciones: El Refugi Mataró es un refugio de metal bien equipado (16 plazas).
Variantes: Refugi d'Amitges, 2.366 m. Desde el **Coll d'Amitges** bajamos directamente en dirección sur. (¡Atención, un camino que gira a la derecha conduce al Tuc de Saborèdo!). El camino, muy empinado, se allana más abajo y rodea la prominente cumbre doble de las Agulles d'Amitges antes de flanquear la cara norte del Estany Gran d'Amitges y a continuación encontrarse con una pista. Continuamos por esta pista hasta el refugio, situado muy cerca. Duración: 1½ h, aprox. 500 metros verticales.
Refugi de Saborèdo, 2.299 m. En el **Còth der Lac Glaçat** seguimos por el camino que se desvía hacia el oeste, discurre a través de la ladera por encima del Lac Glaçat y llega a un discreto collado. Desde aquí continuamos bajando en dirección oeste hasta la cara norte del Lac Major de Saborèdo y proseguimos hasta el refugio cercano. Duración: 1¼ h, 300 metros verticales.

Justo después de llegar al profundamente enclavado **Estany de Gerber**, el camino sube a la izquierda por encima del lago haciendo curvas por la ladera de la orilla. Después de cruzar un arroyuelo lateral pasamos por bloques

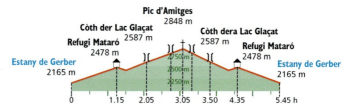

Objetivo conseguido: en el Pic d'Amitges.

rocosos, donde además de la señalización de colores también hay hitos que indican el camino. A continuación subimos la escarpada ladera al pie de unos desprendimientos de roca y al rato llegamos a un terreno mucho más llano. Por delante de un indicador del camino al Refugi Mataró y, justo después, por delante de un pequeño lago situado ante el Estany Long, el camino atraviesa un parque natural de increíble belleza rodeado por los abruptos flancos montañosos con sus crestas recortadas y afiladas muescas. Subiendo de nuevo lentamente llegamos al Estany Redó, situado a la izquierda del camino. A esto le sigue un tramo con una fuerte pendiente; durante el camino tenemos la oportunidad de disfrutar de las maravillosas vistas en dirección a la salida del valle. Al rato nuestro camino vuelve a allanarse y se dirige al Estany de l'Illa, sobre el cual, a la derecha en un estrado rocoso, se alza el refugio de chapa **Refugi Mataró**, 2.478 m.

El camino hacia el refugio rodea a la derecha la colina de granito y a continuación sube un par de metros; las vistas hacen que el rodeo valga la pena. Quien no quiera hacer una pausa, solo tiene que ir entre el lago y la elevación rocosa y, en su parte norte, volver a enlazar con el camino que baja del refugio. A partir del refugio el resto del camino solo está señalizado por hitos. Ahora bajamos en dirección suroeste hasta el Estany Negre de Dalt, situado a los pies del Còth der Lac Glaçat. Nuestro próximo destino es el puerto que se perfila con claridad: nos mantenemos por la parte izquierda del lago, cruzamos los arroyuelos que corren hacia él y subimos atravesando una barrera de grandes bloques rocosos. Los hitos nos indican bien el camino, que más tarde vuelve a ser reconocible como senda de tierra. A continuación subimos fuertemente en dirección de oeste a suroeste, volvemos a cruzar por un apilamiento de bloques y llegamos a la cara derecha de la falda del collado, en la que un sendero nuevamente visible vira hacia arriba hasta el **Còth der Lac Glaçat**, 2.587 m. Al oeste, por debajo del puerto, se encuentra el lago homónimo (véase variante).

El puerto está decorado con un cartel de chapa. Partiendo de este, subimos a la izquierda hacia la prolongación del eje del collado por la ancha ladera orientada al sur (¡atención: no debemos seguir los hitos que nos hacen dar la vuelta a la derecha alrededor de la loma, ya que conducen a un escarpado valle sepultado!), al principio por hierba y guijarros y en la parte superior, por bloques y placas rocosas. Acto seguido el camino se dirige hacia el suroeste y mantiene un trazado visible –a la derecha, bajo nosotros, se encuentra el escarpado valle sepultado, a la izquierda se abren abruptas brechas– hasta el collado entre el Tuc de Saborèdo y el Pic d'Amitges, el **Coll d'Amitges**, 2.760 m.

Un poco por encima del collado nos encontramos con el camino de subida a la cumbre, aquí torcemos a la izquierda y seguimos por el sendero marcado con hitos, que sube hasta el **Pic d'Amitges** (2.848 m) por debajo de la cresta rocosa en el flanco occidental de la montaña.

El llamativo y colorido Refugi Mataró.

Parc Nacional d'Aigüestortes i Estany de St. Maurici

Dos valles orientados en dirección oeste-este estructuran el terreno del actual Parque Nacional: al oeste, el valle del Riu de Sant Nicolau y al este, el valle del Riu Escrita, ambos separados por el Portarró d'Espot. Este puerto de 2.428 m de altura fue durante mucho tiempo el paso tradicional para los habitantes de los valles principales, que de lo contrario tenían que dar un gran rodeo por las cerradas y escarpadas montañas.

Vaya a donde vaya el senderista dentro del Parque Nacional y su entorno, por todas partes se encontrará con el marcado carácter glaciar de los paisajes de montaña y valle que ha hecho famoso a este parque. Después del Parque Nacional de Ordesa y Monte Perdido, la »región de los 1.000 lagos« es la más frecuentada de los Pirineos. En realidad se trata de 200 lagos de todos los tamaños repartidos entre la zona central y periférica del Parque Nacional que incluyen tanto lagos de alta montaña en la base de silvestres circos como lagos de valle de grandes dimensiones.

Todos ellos dan testimonio de un típico paisaje glaciar cuyos orígenes se remontan al Cuaternario. Debido a los movimientos de los glaciares en aquel periodo, el subsuelo rocoso se erosionó formando fosos y grandes cuencas donde se depositaba el agua después del derretimiento de las masas de hielo. Esas depresiones se fueron llenando poco a poco con material

Taüll alberga célebres iglesias románicas.

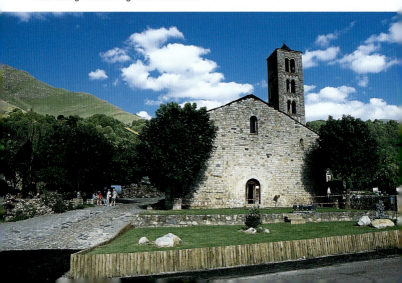

de erosión; así se originaron los lagos y, finalmente, las llanuras colmatadas con una capa vegetal en las que el curso de ríos y arroyos se ramificó repetidamente creando las Aigüestortes (aguas tortuosas). Con sus maravillosos meandros, campos de flores e islas de árboles, el Planell d'Aigüestortes sirve como botón de muestra de esta evolución geológica y también da nombre a la región occidental del Parque Nacional. Otro fenómeno que caracteriza el paisaje es la aglomeración de lagos. Situados en zonas altas en su mayoría, suelen estar comunicados entre sí por arroyos y abruptas cascadas. El ejemplo más destacado se encuentra en el Circ de Colomèrs, con aproximadamente una docena de los lagos de montaña más atractivos y numerosos estanques por delante de los cuales pasan los senderos.

Los tipos de roca predominantes son la pizarra metamórfica, la caliza y el granito. La pizarra negra aparece sobre todo en los valles principales de San Nicolau, Escrita y Peguera. La caliza compacta dio forma, por ejemplo, a los imponentes »Encantats« en el lago de San Mauricio, que, con su legendario simbolismo, se convirtieron en el emblema del Parque Nacional. El granito llama especialmente la atención por su colorido y la belleza de sus formas, por una parte a modo de fondos de valle pulidos, rocas aborregadas y bloques rayados y por otra, como angulosos flancos montañosos y afiladas crestas. Estas últimas se presentan en todo su esplendor en las »Agulles« (agujas) que rodean los refugios de Ventosa i Calvell y Amitges.

Muchas cumbres del Parque Nacional rondan la mágica cota de los tres mil. La máxima elevación es el Pic de Comaloforno con 3.032 m, seguida por las cimas de Besiberri y la Punta Alta de Comalesbienes. Quien examine las quebradas y espigadas cumbres, la mayoría de las veces tendrá la impresión de que están reservadas a auténticos profesionales. Sin embargo, al reconocerlas más de cerca, descubriremos que el acceso a esos escarpados macizos y escabrosos picos –como el Pic d'Amitges, Montardo d'Aran, Tuc de Colomèrs, Tuc de Ratera o Pic de Subenuix, entre otros– no es tan difícil y desde ellos podremos deleitarnos con magníficas vistas del Parque Nacional. Quien se limite al valle o a los puertos disfrutará igualmente con el entorno montañoso. Además de los grandes valles principales, los discretos valles laterales y superiores nos ofrecen idílicos paisajes y el apacible deleite que suponen los transparentes arroyos de montaña, las faldas cubiertas de flores, la verde vastedad del valle y los lagos de distintas tonalidades. En cualquier caso, siempre tendremos como compañero un fascinante escenario montañoso.

En el Parque Nacional no hay ningún pueblo habitado. Muchas de las localidades vecinas se remontan a la Edad Media y aún conservan construcciones en buen estado –torres defensivas, castillos, iglesias, monasterios y puentes– de aquella época. Taüll, Boí y Erill-la-Vall en la entrada occidental al Parque –entre otros– son tan conocidos por sus iglesias románicas como por sus bonitos y vetustos núcleos urbanos.

Recorrido entre refugios por el Parc Nacional d'Aigüestortes i Estany de St. Maurici: las joyas del Parque Nacional en nueve días

»Carros de Foc« significa carros de fuego. Es el símbolo oficial del circuito inaugurado en el año 2000 por el fascinante paisaje montañoso del Parque Nacional, en el que hay nueve refugios. La idea de una ruta repartida en varios días por las distintas regiones y rincones con cómodas paradas intermedias ha atraído desde entonces a mucho público. Incluso en invierno cada vez son más los que cruzan en esquíes o raquetas de nieve el mundo de los »1.000 lagos« cubierto de hielo y nieve. A pesar de los numerosos refugios, en verano el Parque Nacional no está lleno de gente. A la paz y tranquilidad que se respira por los senderos hay que añadir relucientes lagos de montaña, variadas formaciones de cumbres y floridos valles. La combinación de los nueve refugios a lo largo de 60 km se realiza –salvo pocas excepciones– con unas duraciones moderadas de entre tres y cuatro horas, así que aún queda tiempo para descansar o hacer alguna escapada o ruta hacia las cumbres.

Punto de inicio: Debido al cómodo acceso (servicio de taxis), recomendamos o desde Boí el Refugi d'Estany Llong, 1.987 m, (véase cómo llegar en la ruta 13) o desde Espot el Refugi E. Mallafré, 1.893 m (véase la ruta 16).
Desnivel: 4.033 m en total.
Dificultad: Se requiere una buena condición y forma físicas. Es indispensable caminar con seguridad en distintos terrenos montañosos y tener sentido de la orientación. Las etapas no son especialmente exigentes en cuanto a técnica, pero, en función de las variantes que surjan durante el camino (p.ej. ascensos a cumbres), pueden presentarse importantes sobrecargas y desafíos técnicos. Quien planee hacer la ruta circular a principios de verano, debe contar con restos de hielo y nieve en zonas altas y sombrías en distintas etapas, por lo tanto ha de llevar el equipo de montaña correspondiente. Lo mejor es

Tuc de Ratera: Magnífico mirador con panorámica de las montañas del Parque Nacional.

consultar en las oficinas de información de los accesos citados o en los refugios. Desde todos los refugios de la ruta se puede dejar la región en una caminata de un día y llegar a las localidades más grandes del entorno, de modo que siempre hay una »salida de emergencia«. La parte superior durante el ascenso al Collet de Contraix (6ª etapa) puede estar cubierta de restos de nieve o hielo durante mucho tiempo. Antes de salir hay que informarse en el Refugi Ventosa i Calvell.

Señalización: Amarilla.

Dónde comer y alojarse: En verano hay refugios con guarda disponibles en todas las etapas. Los refugios correspondientes se citan en cada ruta de un día. Para garantizarnos una plaza es necesario registrarse con antelación, al menos entre dos y tres días antes de llegar.

Mejor época del año: De julio a septiembre.

Mapa: Ed. ALPINA: Carros de Foc; 1:25.000.

Variantes: Durante el camino o en el entorno del destino se pueden hacer escapadas o combinaciones a/con otras rutas descritas en esta guía. En cada una de las etapas se incluyen las observaciones pertinentes.

1er día: Refugi E. Mallafré, 1.893 m – Refugi d'Amitges, 2.366 m
2 h. Ascenso: 475 m

Desde el **Refugi E. Mallafré** vamos por la pista bajando ligeramente por encima del **Pont de l'Olla** hasta la pista señalizada como GR-11, procedente de Espot. Por ella torcemos a la izquierda hacia el Estany de St. Maurici, caminamos cuesta arriba hasta el **Estany de Ratera**, 2135 m, y seguimos hasta la ramificación al »Mirador de Ratera«. Aquí dejamos el GR-11 que se desvía a la izquierda hacia el Pòrt de Ratera y nos mantenemos siempre por la pista que hace amplias curvas después del pequeño **Estany de la Cabana**, pasa la **Font de les Marmotes** y finalmente llega al **Refugi d'Amitges**, 2.366 m.

Variantes: Véase la ruta 21. Para el ascenso al Pic d'Amitges véase la ruta 10.

2º día: Refugi d'Amitges, 2.366 m – Refugi de Saborèdo, 2.299 m
2¾ h. Ascenso: 245 m, descenso: 310 m

Desde el **Refugi d'Amitges** seguimos durante un rato por la pista hasta el **Estany dels Barbs**, situado a la izquierda. Atención: no hay que seguir por la pista que gira a la derecha, sino torcer a la izquierda y subir por la loma entre el Estany dels Barbs y el Estany de la Munyidera. Después de dejar detrás de nosotros los dos lagos, la pendiente aumenta considerablemente.

A la altura de una bifurcación del camino nos mantenemos a la derecha y subimos a un rellano, 2.520 m. Desde aquí se ve bien el Pòrt de Ratera al noroeste. El camino se dirige por las faldas de la Serra de Saborèdo hacia el puerto y, un poco por debajo y cerca del Estany de Pòrt de Ratera, se une al GR-11. Subiendo cómodamente llegamos al **Pòrt de Ratera**, 2.594 m. (**Variante:** Tuc de Ratera, véase la ruta 20.) Por el puerto llano nos mantenemos en dirección norte y pasamos a la izquierda por delante de un estanque; entonces dejamos el GR-11, que baja directamente al Refugi de Colomèrs, y torcemos a la derecha por la variante señalizada como GR-211.4. Bajando con moderación en un primer momento, nuestro camino nos con-

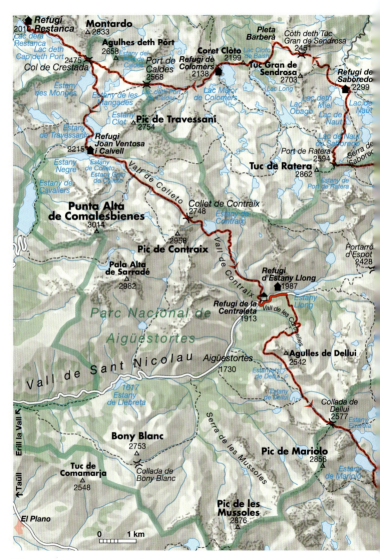

Refugi Restanca 2010

Montardo △ 2833

Lac dera Restanca
Lac deth Cap deth Port

Agulhes deth Port 2658

Pleta Barberà

Còth deth Tuc Gran de Sendrosa 2451

2475 Col de Crestada

Estany del Port de Caldes

Port de Caldes 2568

Coret Clòto 2199

Refugi dè Colomèrs 2138

Tuc Gran de Sendrosa 2703

Lac Cloto de Baish

Refugi de Saboredo 2299

Estany des Monges

Estany de les Mangades

Lac deth Port de Caldes

Lac Major de Colomèrs

Lac Long

Lac deth Obago

Lac deth Miei

Lac de Naut

Lac de Naut

Estany Clot

Pic de Travessani 2754

Lac de Naut de Saboredo

Estany de Travessani

Refugi Joan Ventosa i Calvell 2215

Port de Ratera 2594

Serra de Saboredo

Estany Negre

Estany de Colieto
Estany Gran de Colieto

Vall de Colieto

Tuc de Ratera △ 2862

Estany de Port de Ratera

Estany de Cavallers

Collet de Contraix 2748

Estany de Contraix

Punta Alta de Comalesbienes 3014 △

Vall de Colieto

Portarró d'Espot 2428

△ 2958

Pic de Contraix

Vall de Contraix

Pala Alta de Sarradé △ 2982

Refugi d'Estany Llong 1987

Estany Llong

Refugi de la Centraleta 1913

Vall de les Corbelles

Parc Nacional de

Agulles de Dellui 2542

Aigüestortes

Estanys de Dellui

Vall de Sant Nicolau

Aigüestortes 1730

Estany de Dellui

Collada de Dellui 2577

Estany Erèdia

1617 Estany de Llebreta

Erill la Vall

Taüll

Bony Blanc 2753 △

Serra de les Mussoles

Pic de Mariolo 2856 △

Estany de Mariolo

Tuc de Comamarja △ 2548

Collada de Bony Blanc

El Plano

Pic de les Mussoles 2876 △

0   1 km

duce a continuación hacia un terreno con más pendiente y baja con rapidez al **Lac de Naut**, 2.320 m. Por la orilla izquierda y con vistas al refugio, bajamos hasta el **Lac deth Miei**, 2.285 m, donde nos mantenemos por la orilla derecha y subimos unos pocos metros hasta el **Refugi de Saborèdo**, 2.299 m.

3er día: Refugi de Saburedo, 2.299 m – Refugi de Colomèrs, 2.138 m
3 h. Ascenso: 240 m, descenso: 410 m

A la altura del **refugio** dejamos el GR-211.4 que discurre hacia Salardú en dirección a la salida del valle y tomamos el camino hacia el vecino Lac de Baish. El siguiente destino intermedio es el collado situado al noroeste. Subiendo despacio, el camino gira hacia el norte y a través de las laderas se dirige a un valle que baja desde el puerto. Seguimos por el camino que gira hacia el oeste y, a la izquierda del arroyo – seco en verano–, vamos cuesta arriba por las laderas del puerto. Después de unas curvas estrechas llegamos al **Còth deth Tuc Gran de Sendrosa** (2.451 m), cubierto de hierba. La montaña del mismo nombre se alza hacia el sur.

Ahora bajamos por el empinado camino del puerto, desde el que se desvía un camino no muy marcado que baja a la izquierda del valle y cerca de la pared rocosa. Más abajo este atajo vuelve a unirse a nuestro camino, que gira a la derecha y sigue bajando enérgicamente hasta la **Pleta Barberà** (2.135 m), más llana. Aquí tuerce de forma pronuncia-

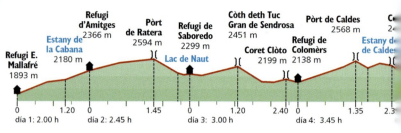

Refugi E. Mallafré 1893 m — Estany de la Cabana 2180 m — Refugi d'Amitges 2366 m — Pòrt de Ratera 2594 m — Refugi de Saboredo 2299 m — Lac de Naut — Còth deth Tuc Gran de Sendrosa 2451 m — Coret Clòto 2199 m — Refugi de Colomèrs 2138 m — Pòrt de Caldes 2568 m — Estany de Caldes

día 1: 2.00 h día 2: 2.45 h día 3: 3.00 h día 4: 3.45 h

da hacia el sur, supera una suave loma y llega al **Lac Clòto de Baish**, 2.160 m, con una bonita ubicación y una isla rocosa. Pasamos a izquierda o derecha por delante del lago; ambos caminos enseguida se encuentran con el GR-11 que baja del Pòrt de Ratera. El bello entorno que rodea al **Lac Long** nos invita a hacer un buen descanso. Por el GR-11 hacia el norte y tras un pequeño ascenso, nuestro camino llega al pequeño collado del **Coret Clòto**, 2.199 m, y después baja rápidamente hasta la presa del gran lago, por la que pasamos al otro lado con el **Refugi de Colomèrs**, 2.138 m.

Variante: Recorrido circular por los lagos atravesando el Circ de Colomèrs, véase la ruta 6.

4º día: Refugi de Colomèrs, 2.138 m – Refugi de Restanca, 2.010 m
3¾ h. Ascenso: 520 m, descenso: 650 m

Desde el **Refugi de Colomèrs** el GR-11 discurre hacia Salardú (véase la ruta 3). Nosotros, por el contrario, tomamos el GR-11.18 orientado hacia el sur que se aleja rápidamente del lago y sube a la derecha del arroyo. Después de pasar al otro lado del arroyo comienza una pendiente mucho más fuerte que se mantiene trazando numerosas curvas hasta un supuesto **collado**, 2.450 m. Desde aquí se divisa hacia el oeste nuestro primer destino intermedio. Por delante del Lac deth **Pòrt de Caldes**, a la izquierda del camino, vamos cuesta arriba por el terreno abierto hasta el Pòrt de Caldes, 2.568 m. El puerto corta una larga cadena de abruptas montañas que culminan al noroeste en el inmenso Montardo d'Aran. El camino baja rápidamente al **Estany del Pòrt de Caldes**, 2.430 m, pasa por su extremo sur y a continuación sube para superar la loma que se extiende desde las Agulhes deth Pòrt. En cuanto llegamos a ella (2.520 m) podemos ver enfrente nuestro segundo destino intermedio. Por un terreno cubierto de hierba caminamos hasta el **Coll de Crestada**, 2.475 m. Debajo, a la izquierda, se encuentra el gran Estany des Monges, a la derecha se alzan las escarpadas estribaciones por las que se lleva a cabo el ascenso al Montardo d'Arta.

Nuestro camino deja el puerto a la izquierda del prominente pico rocoso y a continuación entra en la ladera del valle cubierta de bloques, los símbolos GR y los hitos nos guían a través del campo de escombros. Más abajo el

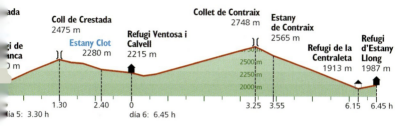

	Coll de Crestada 2475 m		Refugi Ventosa i Calvell 2215 m		Collet de Contraix 2748 m	Estany de Contraix 2565 m			Refugi d'Estany Llong 1987 m

Estany Clot
2280 m

ada

gi de
anca
0 m

Refugi de la
Centraleta
1913 m

2500 m
2250 m
2000 m

1.30   2.40   0   3.25 3.55   6.15 6.45 h

ía 5: 3.30 h   día 6: 6.45 h

camino vuelve a reconocerse con claridad y se dirige al **Estanh deth Cap deth Pòrt**, 2.235 m. Acto seguido pasa por la parte norte del alargado lago y en la desembocadura de este, comienza a bajar a través de las empinadas pendientes, pone rumbo hacia el **Lac de Restanca** y finalmente gira hacia el **Refugi de Restanca**, 2.010 m, en la parte norte del lago.

Variantes: Ascenso al Montardo d'Aran, ruta 4. Lac de Mar, ruta 3.

5º día: Refugi de Restanca, 2.010 m – Refugi Ventosa i Calvell, 2.215 m
3½ h. Ascenso: 465 m, descenso: 260 m

Para ir del **Refugi dera Restanca** al **Coll de Crestada** véase la descripción en la ruta 4. Un poco después del puerto dejamos el **GR-11.18** por el camino visible, que baja cómodamente atravesando las escarpadas laderas hasta el **Estany des Monges**, 2.420 m. Caminamos por la parte oriental del lago, pero a la altura de una bifurcación salimos del camino cercano a la orilla del lago hacia la izquierda y bajamos tranquilamente hasta la desembocadura del **Estany de les Mangades**, 2.400 m. Cruzamos el arroyo y lo seguimos durante un rato, después el camino se aleja y sube, pasa un estanque y vuelve a descender hasta el **Estany Clot**, 2.280 m. En su extremo cruzamos la desembocadura y a continuación nos mantenemos por las faldas de las Agulles de Travessani, que se alzan hacia el cielo a nuestra izquierda. Bajo nosotros se extiende el Estany de Travessani; en cuanto lo dejamos atrás, vamos ligeramente cuesta arriba hasta el **Refugi Ventosa i Calvell**, 2.215 m, que cuelga casi a cien metros por encima del Estany Negre.

Ascenso al Pas de l'Ós.

6º día: Refugi Ventosa i Calvell, 2.215 m – Refugi d'Estany Llong, 1.987 m

6¾ h. Ascenso: 670 m, descenso: 895 m

Junto al **Refugi Ventosa i Calvell** seguimos por el camino que baja ligeramente en dirección sureste. Pasando por bloques de roca en algunos tramos, nuestro camino baja por el valle hasta el pequeño **Estany de Colieto**, 2.155 m. A continuación llega a un terreno cubierto de bloques rocosos en el que las marcas en las piedras nos sirven de guía. Nos mantenemos siempre por la parte izquierda del arroyo y llegamos al encantador entorno del **Estany Gran de Colieto**, 2.190 m. Rodeando por la parte izquierda unas colinas más pequeñas llegamos hasta el final del lago. El fondo llano del valle está rodeado por una serie de cumbres que se alzan a lo alto. Por delante de un desvío señalizado a Punta Alta de Comalesbienes, la cima más alta del Parque Nacional, seguimos por nuestro camino a lo largo del arroyo. Este pasa por grandes bloques de roca y va subiendo cada vez más. Mientras que el arroyo tuerce, nuestro camino se dirige todo recto hacia el Collet de Contraix, que aún se encuentra lejos. Los picos a ambos lados del collado caen hacia las estribaciones que avanzan a lo lejos y forman una larga y angosta depresión del valle con escombreras de bloques en las faldas laterales. Nos mantenemos todo el rato en dirección al puerto; a medida que nos acercamos la inclinación se vuelve más fuerte y el guijarral se convierte en un reto. Manteniéndonos a la derecha según la tendencia superamos la última parte de la empinada caída del puerto y llegamos al **Collet de Contraix**, 2.748 m. Debajo de nosotros se halla el gran Estany de Contraix y delante, el Gran Tuc de Colomèrs, cuyas vecinas cumbres occidentales protegen la zona lacustre en el Circ de Colomèrs.

Paisaje alrededor del Refugi J. M. Blanc.

Tomamos el camino que baja con inclinación hasta el lago, rodeamos el **Estany de Contraix** (2.570 m), en la parte sur, sin prestar atención a las marcas en las piedras que se desvían. Cruzamos la desembocadura del lago, nuestro camino se aleja cada vez más del arroyo y a continuación sube hacia las empinadas faldas. Haciendo curvas marcha montaña abajo ha-

cia el terreno de valle más llano (2.300 m), donde se acumulan varios arroyos procedentes de las elevaciones de alrededor y se unen al **Barranc de Contraix**. Poco antes volvemos a encontrarnos con el arroyo que cae del Estany de Contraix, lo cruzamos y a continuación nos mantenemos a mano derecha del arroyo, que de vez en cuando desaparece por el bosque. Tras un enérgico descenso llegamos a un terreno con pastos más llano en el que el camino vuelve a aproximarse al arroyo. Ahora viene un terreno con –de nuevo– una fuerte caída, a continuación vamos cambiando de lado del arroyo por los puentes y llegamos al **Refugi de la Centraleta**, 1.913 m (sin guarda, cerrado cuando el Refugi d'Estany Llong está abierto). Desde aquí el camino conduce hasta la pista cercana procedente del Planell d'Aigüestortes. Hacia la izquierda subimos por el bosque hasta el **Refugi d'Estany Llong**, 1.987 m. **Variante**: Subida al puerto de Portarró d'Espot, véase la ruta 13.

7º día: Refugi d'Estany Llong, 1.987 m – Refugi de la Colomina, 2.420 m
6 h. Ascenso: 710 m, descenso: 275 m

Desde el **Refugio d'Estany Llong** subimos hasta la pista, allí seguimos el llamativo desvío hacia el bosque y subimos haciendo curvas. El cómodo camino atraviesa las laderas de la poco pronunciada Vall de les Corticelles. No prestamos atención a los desvíos hacia la izquierda. Haciendo un gran giro a la izquierda rodeamos los avanzados picos de las Agulles de Dellui y torcemos hacia el sureste con vista despejada para adentrarnos en el **valle de Dellui**, 2.300 m. Siguiendo por el camino llano nos dirigimos hacia el pequeño grupo de lagos de Dellui, ya tenemos a la vista el final del valle con nuestro puerto. Después de los Estanyets de Dellui vamos por un terreno lleno de bloques rocosos guiados por las marcas en las piedras hasta el **Estany de Dellui**, 2.350 m. El camino cruza su afluente y continúa, ahora menos marcado, en dirección sureste por la pedregosa ladera del puerto. Después de un ascenso final más empinado nos encontramos en la **Collada de Dellui**, 2.577 m. Desde abajo reluce el gran Estany Tort, enfrente se impone la larga cadena de picos con importantes nombres como Pic de Subenuix, Pic dels Vidals y Pic de Tort. Bajando con inclinación y más tarde a la izquierda de un arroyo, el camino nos conduce hasta el **Estany de l'Eixerola**, 2.350 m, cruza el arroyo y bordea la ori-

En la Vall Fosca.

lla suroeste del lago al pie de las paredes rocosas hasta llegar a un pequeño muro de protección. El camino enseguida se aproxima al **Estany de Mariolo**, 2.305 m, y al aliviadero, a cuyos pies hay una caseta. Por encima de ella pasamos al otro lado y seguimos por el camino que, subiendo, inmediatamente se separa del Estany Tort para superar una lengua de tierra ondulada. Después de un pequeño brazo lateral del Estany Tort rodeamos a la derecha una elevación y nos topamos con un aliviadero. El siguiente camino para vagonetas es típico de todo el entorno y pertenece a una explotación minera abandonada. Seguimos la vía hasta un cruce de caminos en el que nos encontramos con el GR-11.20. Aquí vamos durante un rato hacia la izquierda a lo largo del trazado y a continuación torcemos a la izquierda por una vereda rocosa. Esta va haciendo curvas por las laderas con grandes escombros de rocas y, cerca del lago, llega a unas ruinas, donde salimos del GR a la derecha y pasamos al **Refugi de la Colomina**, 2.420 m.

8º día: Refugi de la Colomina, 2.420 m – Refugi J. M. Blanc, 2.318 m
4¼ h. Ascenso: 260 m, descenso: 365 m

Dejamos el **Refugi de la Colomina** de vuelta al GR-11.20 y allí proseguimos a la derecha por las escarpadas laderas del Estany de Colomina, cubiertas de bloques de roca rotos. Llegamos al **Estany de Mar**, situado un poco más alto, a la altura de una pequeña presa. El camino se mantiene cerca de la orilla y luego se dirige al puerto de l'Ós, que supera las empinadas laderas norte del lago. Primero con un empedrado rocoso, después con tierra y más arriba con escalones, el camino sube con mucha inclinación hasta el **Pas de l'Ós** (2.542 m) y a continuación hasta el aliviadero del **Estany de Saburó**, 2.530 m. Justo al norte el Pic de Peguera domina el inhóspito paisaje montañoso, marcado por pura roca. Nos mantenemos durante un rato junto a la orilla del lago, después el camino vira hacia las escarpadas laderas del puerto. El duro ascenso, dificultado por los bloques rocosos, aumenta de nuevo al acercarse al puerto; aquí lo mejor es mantenerse cerca de un saliente rocoso a mano izquierda, donde el terreno está menos suelto que en la canal que baja de la sección del puerto. Llegamos a la **Collada de Saburó**, 2.668 m, con vistas a los silvestres picos del entorno vecino, más abajo se encuentra el próximo lago. El descenso hasta el **Estany Gelat o Cap de Port,** 2.525 m, es menos duro. Nuestro camino se mantiene por la parte oeste del lago, a continuación va por la izquierda de la desembocadura y después se encuentra con una bifurcación del camino hacia el **Coll de Monestero**, 2.450 m; sin embargo nosotros nos dirigimos a la derecha y rodeamos el cercano Estany de la Llastre por el sur siguiendo el GR. En la parte este del lago el camino elude una pequeña elevación, traza un arco por delante del **Estany de la Coveta** y nos conduce hasta un pequeño collado. Por detrás emerge inmediatamente el Estany Trullo y nuestro camino baja rápidamente hasta el gran **Estany Negre de Peguera** (2.335 m), situado al sur, y la presa. Después subimos una pequeña elevación y finalmente llegamos a la pista, por la que continuamos hasta el cercano **Refugi J. M. Blanc**, 2.318 m.

9º día : Refugi J. M. Blanc, 2.318 m – Refugi E. Mallafré, 1.893 m
6¼ h. Ascenso: 400 m, descenso: 825 m

Para la última etapa tenemos dos opciones. O bien vamos por el cómodo camino que baja hacia Espot, o bien continuamos por el camino –duro, aunque de gran belleza paisajística– que pasa por el puerto de Monestero y atraviesa el valle homónimo hasta el refugio cercano al punto de inicio en el Estany de St. Maurici. Para el descenso a Espot véase la ruta 17. A continuación se describe la alternativa.

Desde el **Refugi J. M. Blanc** tomamos el camino que regresa hasta la mencionada bifurcación en el **Estany de la Llastre**, 2.450 m. Aquí dejamos el GR y seguimos por el camino que sube a la derecha. Este cruza la desembocadura de un pequeño lago y gira hacia el oeste. A la derecha de un arroyo sube constantemente y, por encima del Estany Gran de Peguera –rodeado de varias charcas–, atraviesa las empinadas estribaciones sur del Pic de Monestero. La sección del puerto se perfila claramente, el camino se dirige a él sin rodeos y llega al **Coll de Monestero**, 2.716 m. El descenso desde el puerto se hace por una ladera pedregosa, o bien siguiendo a lo largo de las huellas y marcas en las piedras o bien manteniéndonos más a la derecha a lo largo de la roca fija. Más abajo la caída disminuye considerablemente y nos acercamos al fondo del valle, cubierto de grandes bloques rocosos. Atención: el camino desde el valle cerrado se mantiene a la izquierda en las pendientes del Pic de Peguera y se allana durante un rato a aproximadamente 2.500 m. Si bajamos demasiado, tendremos que volver a subir por la »salida« que se reconoce bien desde abajo. Después del tramo llano comienza una fuerte pendiente, en una bifurcación del camino señalizada nos mantenemos a la derecha (a la izquierda se va al »Coll de Peguera«) y continuamos bajando enérgicamente por las laderas cubiertas de hierba y rododendros. Dejamos un camino que se desvía a la derecha con señalización amarilla (antes del Estany de Monestero se une de nuevo al camino del valle) y en su lugar bajamos en dirección oeste hacia el final del valle, 2.270 m. En este punto el camino gira hacia el norte y baja cómodamente con un trazado claro en dirección a la salida del valle hasta el **Estany de Monestero**, 2.170 m. Aquí continuamos por la parte izquierda del lago, luego bajamos por una ladera llena de bloques y llegamos al **Prat de Monestero**, 2.130 m. Seguimos por la parte izquierda del arroyo hasta la ramificación del camino, en la que bajamos a la derecha hasta el **Refugi E. Mallafré**, 1.893 m, **Variante**: Ascenso al Pic de Monestero, véase la ruta 18.

Un paisaje de ensueño muy concurrido en el Parque Nacional

Una extensa y verde altiplanicie dividida en islas de árboles por los meandros más bellos del transparente arroyo del valle y rodeada por impresionantes montañas, cumbres y puntas rocosas: Aigüestortes, es decir »aguas tortuosas«, presentes en multitud de ocasiones como imagen del Parque Nacional. Sin embargo no perdemos de vista los otros encantos paisajísticos que aún tiene que ofrecernos la Vall de Sant Nicolau mientras la recorremos.

Lugar de referencia: Boí, 1.250 m.
Punto de inicio: Aparcamiento en la entrada a la Vall de Sant Nicolau, 1.380 m. A la altura del km 17 por la L 500 (en dirección a Caldes de Boí) torcemos a la derecha por la pista de hormigón hasta el aparcamiento. Si este está lleno, podemos aparcar en el aparcamiento »La Farga« junto a la carretera del valle. Desde aquí un sendero señalizado sube hasta el punto de inicio.
Desnivel: 440 m.

Dificultad: Ruta sin dificultad técnica pero larga.
Señalización: Amarilla.
Dónde comer: En ningún sitio durante el camino; Boí.
Mapa: Ed. ALPINA: Vall de Boí, 1:25.000.
Combinación de rutas: Con la ruta 13.
Observaciones: Servicio de taxis 4x4 entre Boí y el Planell d'Aigüestortes (véase la pág. 14). El acceso para bicicletas está permitido hasta Aigüestortes.

El sendero comienza a la **entrada al Parque Nacional**, a la derecha antes de la barrera, y está señalizado por un poste amarillo. Nuestro camino es la »Ruta de la Llúdria« (la ruta de la nutria). Enseguida sube a través del bosque mixto de la falda derecha del valle y a continuación se allana hasta el cruce señalizado del Riu de Sant Nicolau por la Palanca de Pei. Después de pasar al otro lado del arroyo el valle se ensancha inmediatamente y hace sitio a las faldas con pastos, mientras que a lo lejos ya se perfilan los llamativos picos que rodean Aigüestortes. Con un empedrado de piedra natural, el camino se aleja ahora un poco del arroyo, sube cómodamente, cruza la pista de acceso, pasa un refugio, toca brevemente la pista de acceso y discurre por las despejadas faldas hasta los refugios y la Ermita de Sant Nicolau.
Por un antiguo camino de acarreo bajamos a continuación hasta el **Estany de Llebreta**, 1.620 m. Seguimos durante un rato por la pista, enseguida tor-

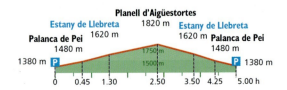

Aigüestortes: un popular destino excursionista en el Parque Nacional occidental.

cemos a la derecha y caminamos por el fondo del valle a lo largo del arroyo. Nuestro camino se dirige hacia las cascadas de bonitas formas, sube por la ladera y a media altura llega a un mirador con vistas a la Cascada de Sant Esperit, situada muy cerca. Durante el recorrido posterior tocamos brevemente y por dos veces la pista de acceso, después nuestro camino desemboca en un antiguo camino de acarreo, por el que llegamos a una bonita plataforma de hierba con bloques de granito. Aquí un letrero señala hacia la izquierda; nos mantenemos un poco por encima del fondo del valle, rozamos la pista, nos apartamos inmediatamente hacia la izquierda, la cruzamos y llegamos a la Font de Sant Esperit. Por detrás de la fuente volvemos a la pista de hormigón, por la que al cabo de unos minutos llegamos a la caseta-parada de taxis y un par de pasos más adelante, al **Planell d'Aigüestortes**, 1.820 m

Rumbo al puerto clásico del Parque Nacional

La ruta desde el Planell d'Aigüestortes hasta el Portarró d'Espot nos ofrece una impresionante imagen del paisaje montañoso del valle principal occidental del Parque Nacional. Puesto que desde el puerto las vistas del valle de St. Maurici están limitadas, recomendamos hacer una breve escapada al Mirador, un lugar perfecto para descansar y disfrutar de la panorámica. Muchos se conforman con el sencillo tramo hasta el Estany Llong, con una bonita ubicación.

Lugar de referencia: Boí, 1250 m
Punto de inicio: Planell d'Aigüestortes, 1.820 m (véase la ruta 12).
Desnivel: 640 m.
Dificultad: Ruta larga sin dificultad técnica.
Señalización: Marcas en piedras; amarilla.
Dónde comer: Refugi d'Estany Llong; Boí.
Mapa: Ed. ALPINA: Vall de Boí, 1:25.000.

Variante: **Pic del Portarró**, 2.736 m. Buena cumbre panorámica al norte del Portarró. El camino comienza a la derecha en la ancha base de la montaña, allí sube serpenteando y a continuación vira hacia la escarpada loma. Con tendencia hacia la izquierda sube hasta la cumbre rocosa. Desnivel: 312 m; duración desde y hasta Portarró d'Espot: 1½ h.

En el **Planell d'Aigüestortes** seguimos por la pista a lo largo del Riu de Sant Nicolau hasta los amplios prados de los Prats d'Aiguadassi, en los que confluyen arroyos procedentes de las direcciones más diversas. Por pasarelas de madera cruzamos la planicie abundante en agua y al otro lado retomamos la pista, que sube por el bosque y pasa por delante del Refugi d'Estany Llong. Un poco más tarde tocamos tangencialmente el **Estany Llong** (2.000 m) y tenemos una primera vista del Portarró d'Espot, situado al este y que oscila a la izquierda hacia el Pic del Portarró. Nos alejamos del lago y entramos en los prados del Planell d'Estany Llong. Justo después de una pasarela de

En el Estany Llong.

madera por encima de un arroyo lateral, el camino se divide: nos mantenemos por el ancho camino de arrieros y enseguida tenemos la oportunidad de hacer una escapada hasta el »Pi de Peixerani«, un viejo y vistoso pino (10 min por la senda de hierba que sale a la derecha). A continuación el camino sube enérgicamente y se transforma en cómodas curvas. A la izquierda divisamos hacia atrás el Estany Llong y también el Estany Redó rodeado por abruptas laderas. Al noroeste se alzan las impresionantes cadenas montañosas alrededor del Gran Tuc de Colomèrs, al sureste los dentados bastiones rocosos que rodean el Pic de Subenuix. Ante nosotros aparece el Portarró d'Espot, que se extiende a lo ancho. En primer lugar nuestro camino se dirige hacia él por la parte derecha, después gira a la izquierda hacia las faldas del Pic del Portarró en el otro lado y sube al **Portarró d'Espot**, 2.424 m, con un minúsculo lago. En el puerto seguimos el letrero »Mirador de St. Maurici«. El camino señalizado con postes de madera amarillos se aparta en un principio hacia el sur, rápidamente se dirige hacia el sureste y, al pie de la Agulla del Portarró –llena de derrubios–, prosigue hasta el Mirador, con una excelente ubicación y unas amplias vistas del valle de Maurici y de las series de cumbres con increíbles formas de la zona de Amitges.

Dominante por todos los caminos: el macizo de Besiberri

El ascenso al Refugi Ventosa i Calvell es una ruta clásica entre refugios. Desde aquí se pueden hacer las travesías de puerto hasta los refugios de la Restanca y de Colomèrs. No solo el siempre presente macizo de Besiberri con sus dos cumbres de tres mil metros es un regalo para la vista, también lo es el vecino paisaje de valle y montaña por el que discurre nuestra ruta.

Lugar de referencia: Boí, 1.250 m.
Punto de inicio: Estany de Cavallers, 1.780 m. Por la carretera del valle hacia Caldes de Boí, seguimos por la pista asfaltada hasta el aparcamiento junto al embalse. Si está lleno, tendremos que ocupar una de las plazas situadas más abajo.

Desnivel: 435 m.
Dificultad: Ruta de medio día sin problemas.
Señalización: Amarilla, hitos.
Dónde comer: Ref. Ventosa i Calvell; Boí.
Mapa: Ed. ALPINA: Vall de Boí, 1:25.000.
Combinación de rutas: Con la ruta 4.

Desde el **aparcamiento** caminamos hasta el muro del **Estany de Cavallers**, donde comienza el sendero señalizado. En el extremo norte del lago sube haciendo curvas y llega a una altiplanicie alargada y atravesada por arroyos: el **Planell de Riumalo** (1.830 m) es un punto estratégico para subir a la cumbre norte del Besiberri, por lo que en verano es normal encontrarse con tiendas de campaña. En el puente por encima del arroyo nos mantenemos todo recto y atravesamos la pradera hasta el puente que pasa sobre el arroyo que sale del Estany Negre. Lo cruzamos, entramos en el Parque Nacional (cartel) y subimos por la terraza del valle siempre a la derecha del Barranc de les Llastres. Vamos cuesta arriba con una pendiente moderada, el camino rodea a la derecha una abrupta prominencia rocosa, lejos del arroyo y a través de un »callejón de roca«. Seguimos subiendo y llegamos a una sección del valle (2.100 m) en la que colinas rocosas, piso de hierba, canales de agua, rudos pinos y hermosas cascadas crean un arrebatador paisaje. Pasando de vez en cuando por roca desnuda –los hitos

Macizo de Besiberri: el 3.000 más famoso del Parque Nacional.

nos muestran la dirección–, a continuación el camino vuelve a atravesar un bonito valle hasta que por fin divisamos el Estany Negre y el refugio situado por encima de su extremo oriental. El camino se mantiene por encima del lago para después subir en dirección noreste y, tras cruzar el arroyo, llegar al **Refugi Ventosa i Calvell**, 2.215 m.

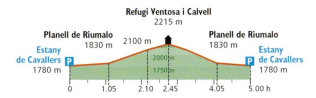

Ascenso al pedregoso paisaje que rodea el Refugi de Colomina

La vista del Estany Gento no causa precisamente demasiado entusiasmo, y es que el paisaje está claramente marcado por los generadores de electricidad. Sin embargo, más arriba, el entorno montañoso ha podido conservar gran parte de su carácter salvaje e idílicas particularidades: los pequeños vestigios como una antigua vía de ferrocarril por en medio de las rocas resultan más divertidos que molestos. El Pic de Peguera, al que le faltan unos pocos metros para alcanzar la cota de los tres mil, es definitivamente el centro de atención de estas rudas cadenas montañosas.

Lugar de referencia: Cabdella, 1.420 m.
Punto de inicio: Aparcamiento en el extremo derecho del muro de la Embassada de Sallente, 1.770 m. Desde Senterado por la carretera a través de la Vall Fosca hasta la presa.
Desnivel: 790 m.
Dificultad: Ruta larga, ascenso duro hasta el Pas de l'Ós.
Señalización: Marcas en piedras; GR-11.20 desde el Estany Gento.
Dónde comer: Bar-restaurante en el Estany Gento; Refugi de Colomina.
Mapa: Ed. ALPINA: Sant Maurici – Els Encantats, 1:25.000.
Observaciones: Desde el embalse de Sallente hasta el Estany Gento hay un servicio de teleférico entre julio y septiembre (en el extremo norte del lago, también hay aparcamiento), sin embargo su horario es muy limitado. Última actualización 2010: cada día, subida a las 8, 9 y 15 h; bajada a las 13 y 18 h. Tel. 973 663 001 y 973 252 231.
Variante: Regreso por la parte oriental de los lagos. Junto al extremo oriental del muro del Estany de Saburó, un sendero de hierba señalizado por hitos sale hacia el sur. Bajando ligeramente, se mantiene a la izquierda de un barranco que desciende fuertemente hacia el Estany de Mar y

se encuentra con una senda transversal que seguimos a la izquierda. Esta baja rápidamente hasta el Estany de Mar y a continuación discurre apartada del lago y sin tenerlo a la vista por un bonito paisaje de laderas cubiertas de hierba, rocas y riachuelos. Siguiendo los hitos rodeamos un brazo del lago, cruzamos una hondonada del arroyo y llegamos a la presa. Pasamos por delante de esta a la izquierda y continuamos por la senda en la parte norte del Estany Frescau. En el extremo del lago superamos un pequeño collado, detrás del cual divisamos el Estany de Colomina. El camino baja y finalmente se allana y llega al Refugi. Aprox. ½ h más de tiempo.

Junto al **aparcamiento** en la **Embassada de Sallente**, el letrero »Ref. Colomina« indica nuestro camino,

que sube haciendo cómodas curvas por la falda oriental por encima del embalse. A la altura de un indicador junto a una fuente (2.150 m) nos encontramos con una vía de ferrocarril transversal; aquí seguimos el cartel »Estany Gento« hacia la izquierda. Por encima del embalse el terreno se vuelve llano. Por el camino pasamos cuatro túneles, después del último ya tenemos a la vista el muro del **Estany Gento**, 2.150 m.

Caminamos hasta el teleférico, donde el camino prosigue como GR.

Pic de Peguera.

Bien acondicionado, discurre por las laderas cubiertas de bloques (hacemos caso omiso de un desvío del GR a la izquierda) y llega junto a una nueva vía de ferrocarril, a la altura de una bifurcación del camino. Al alcance de la vista, a la izquierda, se encuentra el extremo sur del Estany Tort; nos dirigimos a la derecha y junto a una vereda rocosa torcemos a la izquierda. Nuestro camino serpentea por las laderas llenas de escombros de roca hasta unas ruinas cerca del Estany de Colomina, donde a la derecha sale el camino hacia el **Refugi de Colomina**, 2.420 m. Siguiendo el letrero »Coll de Peguera / Coll de Saburó« a la izquierda, continuamos nuestra ruta por la orilla izquierda del lago y llegamos al **Estany de Mar** (2.443 m) –situado unos pocos metros más alto– a la altura de un pequeño muro de contención. Proseguimos por el camino llano a la izquierda del lago, cuyo color cerca de la orilla reluce a veces en azul celeste, y ponemos rumbo hacia el Pas de l'Ós. El empinado puerto permite superar las pendientes norte del Estany de Mar y se reconoce de inmediato por el enorme letrero de piedra y una torre que sobresale, entre los cuales el camino llega al puerto. El camino, al principio empedrado, después de tierra y más arriba con escaleras, va cuesta arriba con inclinación. Detrás del **Pas de l'Òs**, 2.542 m, nos dirigimos hacia el muro y llegamos al **Estany de Saburó**, 2.525 m.

Recorrido circular por el *Estany de St. Maurici*, 1.915 m

Aproximándonos al mundo montañoso del Parque Nacional

La ruta al Estany de St. Maurici y sus alrededores nos da una primera impresión de las bellezas naturales del Parque sin causarnos mayor esfuerzo. Semejantes a un símbolo, los »Encantats« caracterizan durante el camino el escenario montañoso, abruptas cimas gemelas con un significado místico. Según la leyenda, en la escarpada brecha abierta entre ellas dos cazadores quedaron petrificados en forma de afilados picos por burlarse de los peregrinos que acudían a la ermita de St. Maurici.

Lugar de referencia: Espot, 1.310 m.
Punto de inicio: Aparcamiento de Prat de Pierró, 1.650 m. Desde Espot por la carretera señalizada hasta el aparcamiento.
Desnivel: 330 m.
Dificultad: Sencilla ruta circular.

Señalización: GR-11; amarilla y blanca.
Dónde comer: Refugi E. Mallafré; Espot.
Mapa: Ed. ALPINA: Sant Maurici – Els Encantats, 1:25.000.
Observaciones: Servicio de taxis 4x4 (véase la pág. 14).

Al final del aparcamiento junto al **Prat de Pierró** torcemos a la derecha de la carretera (letrero »Estany«). Por una pasarela de madera caminamos hasta el puente sobre el Riu Escrita y en el otro lado del arroyo nos unimos al GR-11. El camino pasa por un ameno paisaje de valle, de vez en cuando cruza la pista y se acerca al arroyo. Después de subir durante un rato a buen paso y tocar brevemente la pista, vuelve a allanarse. A mano izquierda los »Encantats« llaman cada vez más nuestra atención. El camino se ensancha, pasa por un puente de madera y por delante de la ermita de St. Maurici –situada a la derecha– y algo más tarde llega a una bifurcación que marca el punto de regreso de nuestro itinerario por el lago: a la izquierda un letrero indica »Refugio Mallafré«; nosotros nos mantenemos en dirección al »Estany« y a los pocos minutos estamos en el extremo oriental represado del **Estany de St. Maurici**, 1.915 m.

Ahora seguimos por el camino señalizado en blanco y amarillo como »Volta l'Estany« / »Cascada«, hasta la bifurcación donde a la derecha el camino sube a la cascada. Nos mantenemos por la ruta »Volta l'Estany« y llegamos al nivel del lago, cruzamos un arroyo por una pasarela de madera y continuamos por el estrecho camino de la orilla hasta el extremo occidental del lago. Un puente de madera pasa por encima del Barranco del Portarró, al rato nos balancea-

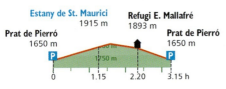

Estany de St. Maurici 1915 m
Refugi E. Mallafré 1893 m
Prat de Pierró 1650 m
Prat de Pierró 1650 m
1750 m

0   1.15   2.20   3.15 h

Los »Encantats« cubiertos de nieve en mayo.

mos sobre troncos de madera por encima del Barranco de Subenuix y acto seguido el camino atraviesa las faldas boscosas de la parte sur del lago. Al final del lago unos escalones de hormigón nos ayudan a superar un pequeño saliente, a continuación seguimos el indicador »Refugi Mallafré« –es decir, torcemos a la derecha desde el lago– y a unos 50 m antes de los indicadores hacia la izquierda, bajamos por la pista hasta el **Refugi E. Mallafré**, 1.893 m. Desde aquí proseguimos por la pista (letrero »Estany« / »Aparcament«) y nos encontramos de nuevo con la bifurcación en el camino del valle.

A través de la Vall de Peguera hasta el lago más profundo del Parque Nacional

A lo largo de esta exigente ruta hasta la extensa cuenca lacustre en la parte oriental del Parque Nacional, se despliega el variado encanto del valle de Peguera y del abrupto escenario montañoso que rodea el Estany Negre. El »lago negro« es el mayor de los numerosos lagos que pueden descubrirse en la zona durante itinerarios de varias horas de duración.

Lugar de referencia: Espot, 1.310 m.
Punto de inicio: Pont de Feners, 1.320 m, en Espot. Desde Espot en dirección a Superespot, aparcar en la pista que sale a la derecha antes del puente. Prestar atención al letrero »Estany Negre«.
Desnivel: 1.015 m.
Dificultad: Ruta larga con una gran diferencia de altura.

Señalización: GR-11.20.
Dónde comer: Refugi J. M. Blanc; Espot.
Mapa: Ed. ALPINA: Sant Maurici – Els Encantats, 1:25.000.
Observaciones: Servicio de taxis 4x4 (véase la pág. 14).
Combinación de rutas: Con la ruta 11, 8ª etapa.

Siguiendo por la pista junto al **Pont de Feners** cruzamos un arroyo canalizado, después continuamos por el camino señalizado, que enseguida sube enérgicamente por las laderas boscosas. A la altura de una ramificación del camino nos mantenemos a la izquierda de acuerdo con el letrero de madera y acto seguido pasamos al otro lado del arroyo por troncos de madera. Des-

El lago de Peguera a finales de invierno.

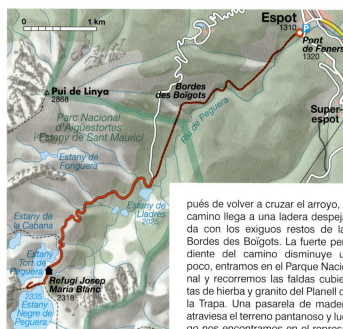

pués de volver a cruzar el arroyo, el camino llega a una ladera despejada con los exiguos restos de las Bordes des Boïgots. La fuerte pendiente del camino disminuye un poco, entramos en el Parque Nacional y recorremos las faldas cubiertas de hierba y granito del Planell de la Trapa. Una pasarela de madera atraviesa el terreno pantanoso y luego nos encontramos en el represado **Estany de Lladres**, 2.025 m. Aquí tomamos la antigua pista que sale del lago y enseguida llegamos a la pista de acceso, que sube haciendo curvas hasta el circo de hermosas formas y pasa por delante del Estany Tort de Peguera, en el que se encuentra el **Refugi J. M. Blanc**, 2.318 m. Un camino se desvía a la derecha hasta el refugio. Continuamos por la pista y a los pocos minutos llegamos al **Estany Negre de Peguera**, 2.335 m.

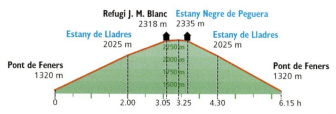

18 *Vall y Pic de Monestero, 2.877 m*

Un maravilloso valle con una cima como glorioso final

Laderas floridas, pinares, praderas, lagos, un encantador arroyo y, además, un gran escenario montañoso con el Pic de Peguera en el centro: la Vall de Monestero tiene todo lo necesario para una ruta inolvidable. Este itinerario de un día se convierte en la experiencia perfecta con el ascenso por el solitario valle alto y el ascenso final al Pic de Monestero, el hermano pequeño del Pic de Peguera, al que le faltan unos pocos metros para llegar a ser un »tresmil«. La vista del entorno montañoso resulta grandiosa.

Lugar de referencia: Espot, 1.310 m.
Punto de inicio: Refugi E. Mallafré, 1.893 m, o Prat de Pierró, 1.650 m. Para la llegada, véase la ruta 16.
Desnivel: 985 m.
Dificultad: Travesía por el valle larga con un empinado ascenso por el puerto. La parte de la cumbre está cubierta de bloques y expuesta en algunas partes.

Señalización: Amarilla; marcas en piedras.
Dónde comer: Refugi E. Mallafré.
Mapa: Ed. ALPINA: Sant Maurici – Els Encantats, 1:25.000.
Observaciones: Servicio de taxis 4x4 hasta St. Maurici (véase la pág. 14).
Combinación de rutas: Con la ruta 11, 8ª ó 9ª etapa.

Junto al **Refugi E. Mallafré** tomamos la pista y vamos hasta la ramificación señalizada del camino, en la que nuestro sendero sale a la izquierda hacia el valle de Monestero. A la derecha del arroyo subimos enérgicamente, al cabo de un rato el camino se allana y atraviesa exuberantes prados llenos de flores y pinos sueltos, mientras que al fondo nuestra vista alcanza las pronunciadas cumbres. Cruzamos una llanura del valle con meandros de arroyo y pequeñas islas con árboles; una pasarela de madera larga conduce hasta el otro lado del valle, al que volvemos a cambiar después de un tramo con una ligera pendiente. En la falda derecha del valle el camino gana en dureza y llega al **Prat de Monestero**, 2.130 m. Atravesamos el bonito terreno con prados, subimos con una pendiente moderada a través de peque-

Cumbre a la vista: Pic de Monestero.

ños pinares sueltos y a continuación aparece un relleno del valle. Nuestro camino pasa por la ladera cubierta de bloques, vuelve a allanarse y al rato va por encima de algunos bloques de roca antes de encontrarse finalmente con el **Estany de Monestero**, 2.170 m.

Caminamos por la orilla derecha del lago a través de densas milenramas hasta una pradera con una señalización con postes amarillos. El camino se divide poco antes de que unos troncos de madera nos conduzcan por encima del río: a la izquierda y siguiendo los postes de señalización, continúa un camino que se mantiene por la falda izquierda del valle y sube por encima de la depresión del final del valle, cruzando varias veces unas secciones de la ladera llenas de bloques en las que los hitos sirven de guía. Más arriba este camino se encuentra de nuevo con la senda de hierba que sale hacia la derecha y por la que aquí seguimos, ya que discurre por el bonito final del valle. En primer lugar cruza unas ramificaciones del arroyo y luego se mantiene cerca de este –primero a la derecha– para pasar por piedras al lado izquierdo antes de una prominente elevación con pinos. Continuamos entre

la elevación y el arroyo hasta adentrarnos en el final del valle, donde el camino se dirige en dirección sur hacia el voluminoso Tossal del Mig, con una cúpula rocosa, pero entonces gira a la izquierda (2.270 m) y sube fuertemente por la ladera oriental del final del valle. Se une al camino señalizado en amarillo y a continuación aparece una ramificación del camino (2.430 m), donde seguimos a la izquierda el letrero »Coll de Monestero« (todo recto se llega al Coll de Peguera).

Ahora subimos por pendientes menos inclinadas cubiertas de hierba y rododendros, pasamos por delante de un refugio de roca y después llegamos junto al borde de una profunda depresión, cuyo fondo está lleno de grandes bloques. Manteniéndose aproximadamente a la misma altura, nuestro camino pasa a la derecha por encima de la depresión y a 2.510 m de altura se adentra en el valle con el escarpado puerto de Monestero, que se alza a la izquierda hacia el Pic de Monestero. Primero nos mantenemos por la ladera –ahora llena de bloques– a los pies del Pic de Peguera y acto seguido el camino gira hacia la ladera del puerto, en la que varios rastros visibles serpentean directamente hacia el puerto. El ascenso de la empinada ladera por la fina arena de guijarros puede volverse algo laborioso, dado el caso podemos mantenernos a la izquierda por los guijarros más gruesos y la roca firme.

En el **Coll de Monestero**, 2.716 m, continuamos a la izquierda y a lo largo del camino en paralelo a la cresta del collado. La senda se dirige hacia la cresta suroeste de la cumbre, allí sube un poco y seguidamente discurre a la derecha de la cresta cubierta de bloques. En el tercio superior el camino tuerce en oblicuo a la derecha hacia la loma de la montaña y cruza hasta la larga y rocosa cresta oriental. Siguiendo por ella a la izquierda llegamos al **Pic de Monestero**, 2.877 m.

En el valle alto de Monestero.

19 Vall y Pic de Subenuix, 2.950 m

Una cumbre deportiva en un rincón apartado

A pesar de su verdaderamente encantador paisaje, la Vall de Subenuix es bastante menos frecuentada que el resto de valles. Esto quizá se deba a que es relativamente corta y a que, detrás de los idílicos y pequeños lagos, comienzan enormes escombreras de bloques rocosos que pueden dar la impresión de un valle infranqueable. En cualquier caso, esta ruta nos ofrece estupendos contrastes paisajísticos y unas vistas desde la cima del Subenuix que resultan realmente espectaculares.

Lugar de referencia: Espot, 1.310 m.
Punto de inicio: Refugi E. Mallafré, 1.893 m, o Prat de Pierró, 1.650 m. Para llegar véase la ruta 16.
Desnivel: 1.060 m.
Dificultad: Ruta desafiante a una cumbre por un terreno parcialmente complicado (extensas barreras de bloques rocosos y ascenso por el puerto muy empinado); mínima escalada (I) en la zona de la cumbre. Práctica para subir por bloques rocosos.
Señalización: Amarilla, hitos.
Dónde comer: En ningún sitio durante el camino; Refugi E. Mallafré.
Mapa: Ed. ALPINA: Sant Maurici – Els Encantats, 1:25.000.
Observaciones: Servicio de taxis 4x4 hasta St. Maurici (véase la pág. 14).

Desde el **Refugi Ernest Mallafré** tomamos la pista durante un rato hasta la ramificación señalizada del camino: »Subenuix« se indica a la derecha. El ancho camino forestal que ahora comienza se mantiene por encima del lago de St. Maurici. Seguimos por él, cruzamos por una pasarela de madera el Barranc de Subenuix y enseguida llegamos a una ramificación del camino señalizada: todo recto el camino nos conduce al GR-11 y al Pòrt de Ratèra, pero nosotros torcemos a la izquierda y seguimos los postes de madera amarillos a través de laderas con hierba, grupos de pinos sueltos y rododendros. Después de un breve y fuerte ascenso llegamos a una llanura del valle, en la que nos encontramos con el **Estany de Subenuix**, 2.200 m, con un impresionante escenario rocoso como telón de fondo. El camino se mantiene a la izquierda por encima del lago, sigue perfectamente reconocible y cuenta con hitos, se acerca por detrás al arroyo –que cruzamos por piedras– y con una inclinación agradable discurre en dirección al valle hasta el **Estany Xic de Subenuix**, 2.280 m, en el que hay una isla de roca. Por delante del lago y a la izquierda enseguida comienza una zona cubierta de forma caótica por escombros rocosos de todos los tamaños. Para cruzarla y superarla los bien colocados hitos nos indican el camino. El camino pasa a la siguiente elevación, cubierta de rododendros y bloques de roca, por la

Pic Inferior de Subenuix, el »hermano« pequeño de nuestra cumbre.

Pic del Portarró 2728

Estany de Sant Maurici 1915

Espot

Sant Maurici

Refugi Ernest Mallafré 1893

Portarró d'Espot 2428

Roca de l'Estany 2505

Parc Nacional d'Aigüestortes i Estany de Sant Maurici

Ribera de Subenuix

Estany de Subenuix 2200

Estany Negre

Estany Xic de Subenuix 2280

Pic dels Feixans del Prat 2695

Pic Inferior de Subenuix 2877

Pic de Subenuix 2950

Pic de Morto 2902

2860

Collado dels Gavatxos 2665

2892 2789

Pic dels Estanyets

Estany de Castieso

Estany Morto

0   1 km

ladera izquierda y así evita la parte rocosa. El fuerte ascenso –a la izquierda, bajo nosotros, hay un canal de derrubios– nos lleva sobre la elevación, donde nos detenemos antes de una gran escombrera. La cruzamos en dirección sur-suroeste según la tendencia hacia una ancha ladera atravesada por zonas de hierba, en la que discurre claramente una senda de arrastre. De momento el terreno vuelve a tener hierba y hay algunos bloques de roca esparcidos. A continuación viene otra ladera con bloques de roca –la superamos subiendo enérgicamente hacia el suroeste– y ante nosotros se abre una amplia hondonada con guijarros. Desde aquí se distingue la mitad izquierda de nuestro puerto, orientada hacia el Pic Mòrto, al sur-suroeste. A la izquierda del collado se prolonga hasta una torre puntiaguda ligeramente inclinada con la que se levanta la cresta; la cresta dentada a la derecha es en realidad una cuerda rocosa que divide el collado: nuestro objetivo, la mitad derecha del puerto, aún no se ve. Ante nosotros tenemos una ladera de guijarros ancha y muy empinada hacia la que se dirige el camino. En primer lugar este se mantiene a la derecha de la depresión del valle rellena con grandes bloques y a continuación discurre relativamente hacia el centro para evitar los escarpados conos detríticos al pie de los flancos de roca derechos.

Ahora la vista general también mejora: en el centro de la falda del collado pueden distinguirse vías pedregosas y batidas que suben directamente a nuestro –ya visible– puerto. Estas forman una base incómoda de recorrer que hace que el ascenso (a diferencia del descenso) resulte de lo más fatigoso. Es recomendable cruzar antes a la derecha hacia los pies de los flan-

Pic de Subenuix: vistas desde la cumbre hacia el sur.

cos rocosos y subir a lo largo de estos. Los guijarros bien asentados y los asideros y los escalones excavados en la roca facilitan considerablemente el ascenso al puerto. A continuación tenemos que cruzar hacia atrás y a tiempo en dirección al collado para no tener que enfrentarnos a una auténtica escalada.

En el puerto nos dirigimos hacia la derecha y seguimos por la inofensiva cresta, rodeamos una pequeña elevación rocosa por la parte izquierda, después nos espera una ligera trepada y ya estamos en el estrecho **Pic de Subenuix**, 2.950 m.

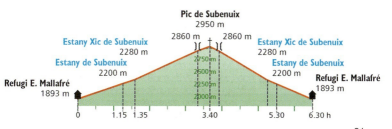

20 Pòrt de Ratera, 2.594 m, y Tuc de Ratera, 2.862 m

6.15 h

Un puerto muy transitado con un mirador de primera categoría

El ascenso por el largo valle hasta el Pòrt de Ratera está lleno de distracciones paisajísticas y disfrute de la naturaleza a cada paso. No en vano el GR-11 discurre por este puerto, que une St. Maurici y el paraíso lacustre del Circ de Colomèrs. El programa de la travesía ya no incluye la subida al Tuc de Ratera, aunque siempre que sea posible debería incluirse en la ruta: las vistas resultan impresionantes y son de lo mejor que tienen que ofrecer las montañas del Parque Nacional.

Lugar de referencia: Espot, 1.310 m.
Punto de inicio: Estany de St. Maurici, 1.915 m. Véase cómo llegar en la ruta 16.
Desnivel: 950 m.
Dificultad: Ruta de senderismo sin problemas hasta el Pòrt de Ratera. Hasta el Tuc de Ratera hay un ascenso muy empinado y en la cumbre, una mínima trepada.
Señalización: Amarilla; GR-11; hitos durante el ascenso a la cumbre.
Dónde comer: En ningún sitio durante el camino; Refugi E. Mallafré.
Mapa: Ed. ALPINA: Sant Maurici – Els Encantats, 1:25.000.
Observaciones: Servicio de taxis 4x4 hasta St. Maurici y el Refugi d'Amitges (véase la pág. 14).
Combinación de rutas: Con la ruta 5.
Variante: Regreso por el Refugi d'Amitges, 2.366 m. Complemento de gran belleza paisajística e impresionante escenario montañoso, como las torres dobles

de las Agulles d'Amitges, entre otras. Visto desde el puerto, tomamos la variante del camino que discurre arriba a la izquierda (señalizada con postes de madera amarillos) hasta el letrero del camino »Refugi d'Amitges«. Aquí torcemos a la izquierda y el camino atraviesa a continuación las laderas de la Sierra de Saborèdo, cruza una ladera con bloques más larga (los hitos nos guían) y después se ramifica. Seguimos a la izquierda subiendo enérgicamente por la loma del límite entre los valles de Ratera y Amitges. Inesperadamente tenemos a la vista los lagos de hermosa ubicación; el camino baja rápidamente y discurre por la alargada colina entre los dos lagos hasta llegar a la pista. Allí vamos hacia la derecha hasta el cercano Refugi d'Amitges y bajamos por la pista de acceso hasta la unión con el camino de ascenso. Duración 1½ h.

En **St. Maurici** comenzamos nuestra ruta por el camino que discurre a la derecha del Estany de St. Maurici hasta la ramificación del camino, en la que a la izquierda continúa la vuelta al lago (»Volta l'Estany«). Tomamos a la derecha el camino a la »Cascada« y subimos por el sombrío bosque hasta la silvestre cascada, donde nos encontramos con el indicador »Estany de Ratera«. Subiendo de nuevo, el camino enseguida se aleja del torrente y llega a un segundo letrero igual; aquí continuamos a la izquierda por el camino forestal de fuerte pendiente y nos encontramos con la pista y el GR que la sigue desde St. Maurici. Se trata de la pista de acceso al Refugi d'Amitges. La seguimos a la izquierda, cruzamos el Riu de Ratera y nos adentramos en

Vistas desde el Tuc de Ratera.

el bonito valle del **Estany de Ratera**, 2.130 m. Por delante del lago dejamos la pista junto al indicador »Pòrt de Ratera« a la izquierda; la pista junto al borde de una pequeña llanura del valle nos conduce rápidamente a un indicador que pone lo mismo, donde seguimos a la derecha por el sendero a través de un hermosísimo paisaje con arroyo. Después de cruzar el arroyo por unos troncos de árbol, enseguida divisamos el **Estany de les Obagues de Ratera**, 2.230 m. A la altura de la ramificación del camino a la derecha hacia el Refugi d'Amitges (señalización amarilla) nos mantenemos todo recto, el camino baja brevemente hacia el lago y vuelve a subir por la ladera. A lo le-

jos se perfila el puerto, a la izquierda sobresale el Tuc de Ratera. Mientras caminamos en dirección al valle –unas veces subiendo con menos inclinación, otras con más– el camino cambia varias veces de lado del valle para evitar las faldas con bloques. A continuación, con el puerto ya cerca, sube por una ladera que forma una especie de límite del valle. El fuerte ascenso nos lleva por encima del Estany del Cap del Pòrt de Ratera, situado a los pies del puerto; más adelante nuestro camino se bifurca para volver a unirse poco antes del puerto: a la izquierda sube por la falda del collado con una fuerte pendiente, a la derecha traza un arco más largo y cómodo. Entramos en el extenso **Pòrt de Ratera**, 2.594 m, que unos pasos más a la derecha alberga un pequeño lago que suele estar helado incluso a principios de verano.

Para el ascenso al Tuc de Ratera nos orientamos por los hitos, que señalan una senda que apunta al sur. Inmediatamente comienza a subir y al rato se dirige hacia el suroeste para a continuación virar hacia el flanco sur de la montaña. Dirigiéndose directamente a la cumbre, sube trazando curvas estrechas y –a veces– empinadas que finalmente se ensanchan y desembocan en un minúsculo collado que se desploma abruptamente hacia la parte norte. Aquí subimos hacia la izquierda (a la derecha hay una antecima ligeramente más baja), trepamos un poco por la cresta y llegamos al **Tuc de Ratera**, 2.862 m.

Las zonas de descanso más hermosas nos tientan durante el ascenso.

A una singular región rocosa dando un rodeo

Similares a una peculiar catedral de roca, las Agulles d'Amitges son sin duda el centro de atención en una región que aún tiene muchas más fantásticas formaciones rocosas y cumbres dentadas que ofrecer. Justamente en el medio está situado el famoso y cómodo refugio, al que llegamos dando un interesante rodeo en lugar de por la pista.

Lugar de referencia: Espot, 1.310 m.
Punto de inicio: Refugi E. Mallafré, 1.893 m. Para llegar, véase la ruta 16.
Desnivel: 475 m.
Dificultad: Ruta de senderismo larga sin dificultades.
Señalización: Amarilla; GR-11.

Dónde comer: Refugi d'Amitges; Espot.
Observaciones: Servicio de taxis 4x4 hasta St. Maurici y Refugi d'Amitges (véase la pág. 14).
Variante: Regreso por la Cascada de Ratera (ruta 20: llegada) hacia St. Maurici.
Combinación de rutas: Con la ruta 20.

Desde el **Refugi E. Mallfré** tomamos durante un rato la pista y junto a una ramificación torcemos a la derecha en dirección a »Portarró«. Por el amplio camino forestal nos mantenemos por encima del lago de St. Maurici, cruzamos el Barranc de Subenuix por una pasarela de madera y dejamos a la izquierda el siguiente desvío hacia el valle de Subenuix. Con una pendiente moderada al principio y más fuerte después, llegamos a una bifurcación señalizada en la que dejamos el camino al Portarró d'Espot, 2.170 m. Proseguimos a la derecha con destino al »Mirador«, enseguida superamos el Barranco del Portarró y a continuación hacemos un cruce más largo por la ladera y volvemos a superar el río. A partir de aquí subiendo de nuevo nos encontramos con un camino transversal: aquí vamos a la izquierda hacia el **Mirador de l'Estany**, 2.170 m. El mirador con un cartel panorámico nos ofrece una vista privilegiada de las montañas de St. Maurici. Regresamos y nos mantenemos por el sendero, que se ensancha en una pista. A la altura del GR-11 que se desvía a la izquierda hacia el »Pòrt de Ratera« salimos de la pista y subimos un poco por el valle. Cruzamos el arroyo del valle, nos mantenemos por la

Iguales que una catedral de roca: los picos de las Agulles d'Amitges.

parte derecha hasta el indicador »Refugi d'Amitges« y aquí torcemos a la derecha por el camino señalizado con postes de madera amarillos. Este supera el límite del valle con forma de colina y conecta con la pista de acceso al refugio. Aquí continuamos a la izquierda y acto seguido pasamos por delante de una **fuente** cercada (2.290 m); aún nos quedan unas pocas curvas que suben con fuerza antes de llegar al **Refugi d'Amitges**, 2.366 m.

El regreso se realiza por la pista para vehículos que baja al Estany de St. Maurici.

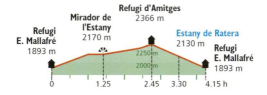

Casi una joya secreta: el valle de Unarre

El apacible y poco conocido valle del Riu d'Unarre invita a hacer una animada ruta. Aunque el entorno montañoso, con el Pic del Ventolau como centro, no tiene nombres tan famosos, las bonitas escenas de valle y montaña pueden competir sin el menor reparo con las grandes atracciones del cercano Parque Nacional.

Lugar de referencia: Esterri d'Àneu, 960 m.

Punto de inicio: Aparcamiento antes de Cerbi, 1.390 m. En la entrada sur de Esterri d'Àneu torcemos a la derecha junto al letrero de la localidad (indicador con varias localidades, entre ellas »Serbi«). Poco antes de Cerbi aparcamos en la pista que sale a la derecha con el cartel »Estany de la Gola«.

Desnivel: 865 m.

Dificultad: Ruta sin complicaciones; la última etapa es empinada.

Señalización: Hitos.

Dónde comer: En ningún sitio durante el camino; Esterri d'Àneu.

Mapa: Ed. ALPINA: Pica d'Estats – Mont Roig, 1:25000.

En el **aparcamiento** seguimos por la pista hasta una ramificación señalizada, en la que continuamos a la derecha. Abajo a la izquierda se abre un bonito fondo de valle con pastos cercados y las Bordes d'Aurós. La pista se extiende hacia la falda derecha del valle y con una altura cada vez mayor, emerge en retrospectiva el paisaje montañoso que rodea St. Maurici. Después de un tramo más largo con una pendiente moderada, el valle se estrecha y el arroyo va cayendo por pequeños escalones. Nuestro camino supera la angosta terraza del valle

Vista de las montañas del Parque Nacional en dirección a la salida del valle.

haciendo curvas, a continuación se adentra tranquilamente en el valle y se aproxima al Riu d'Unarre. Cruzamos el arroyo por el **Pont de Graus**, 1.750 m, y nos dirigimos hacia un umbral del valle sobre el que se expande la bonita pradera del **Planell de Sartari**. En su extremo, el final del valle se junta con la bonita cascada escalonada del Riu d'Unarre. En cuanto llegamos allí cruzamos el arroyo por una pasarela de troncos de madera (2.000 m) y tomamos el camino visible que gira hacia la izquierda por la la-dera y sube zigza-gueando enérgica-mente a mano dere-cha del arroyo; más arriba pasamos unas ruinas y al rato llega-mos al **Estany de la Gola**, 2.252 m.

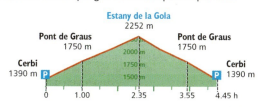

Vall de Cardós y Vall de Ferrera

Los dos valles situados en la zona norte de Pallars Sobirà avanzan hacia la cresta principal pirenaica y están aislados por la cordillera central. No hay ninguna carretera de tránsito que una los valles con la vecina Francia, solo un par de puertos de montaña con un acceso relativamente bueno, como el Port de Tavascan, el Port de Boet o la Portella de Baiau, comunican a pie con el departamento francés de Ariège y con Andorra. El bloqueo natural ha permitido que los valles sigan disfrutando hoy en día de un agradable aislamiento y de una tranquilidad que se nota especialmente en el angosto y agreste valle de Ferrera. Las localidades »más grandes« de Alins y Àreu son pequeños y apacibles pueblos con una bonita imagen que conservan bien sus casas construidas con pizarra oscura. Después de Àreu comienza una larga pista que atraviesa el valle, profundamente enclavado y poblado de densos bosques. Esta pista acaba poco antes del Pla de Boet, una romántica altiplanicie con prados y brazos de arroyo en el valle abierto. A un cuarto de hora a pie desde el final de la pista se encuentra el pequeño Refugi Vallferrera, el primer refugio que se construyó en el Pirineo Catalán (año 1935) y que hoy es el punto de inicio del clásico y popular ascenso a la Pica d'Estats.

Pica d'Estats: ¡la cumbre mágica de la Vall de Ferrera! Con 3.143 m es la montaña más alta del Pirineo catalán y por tanto todo un símbolo. Pero el ancho macizo es también una majestuosa figura que atrae continuamente nuestra mirada por todas partes. A principios de verano, cuando algunas capas de nieve resaltan las formas del bonito coloso de roca, la vista resulta especialmente impresionante. Para llegar a la cima hay rutas con diversos grados de dificultad, aunque todas ellas muy exigentes en cuanto a técnica y condición física, que también suben desde el vecino Vallèe de Soulcem en Francia. El entorno de la Pica d'Estats ha sido modelado por glaciares de la forma más llamativa posible. Numerosos lagos se encuentran en las cuencas excavadas por las masas de hielo de esta imponente serie de montañas, que se extiende desde el Pic de Baborte hasta las cumbres de Canalbona y alcanza más o menos los 3.000 m de altura. Desde este circo, una estrecha lengua glaciar avanzó a través del valle de Ferrera y definió su forma actual. Esta lengua quedó reforzada por afluencias glaciares del sur que bajaron de circos más pequeños. Uno de ellos, el Circ de Baiau en la frontera con Andorra, cuenta con un idílico paisaje que nos permite disfrutar por completo del placer de caminar sin necesidad de asaltar ninguna cumbre.

La Vall de Ferrera debe su nombre al hierro. La tonalidad rojiza de las rocas, especialmente alrededor de las montañas de Monteixo, hace patente los yacimientos de este mineral, que se explotó hasta finales del siglo XIX y se transformaba en las forjas de Alins, Àreu y Ainet de Besan. Sin embargo, apenas queda nada de aquellas antiguas herrerías.

Pueblo típico en la Vall de Ferrera.

La Vall de Cardós al oeste discurre abierta y ancha, con valles secundarios que se desvían a ambos lados. Desde la Serra Mitjana –situada al oeste del valle principal y a la que se asciende desde el GR-11 a la altura del Coll de Jou– podemos disfrutar de una panorámica excepcional de la estructura del valle y los numerosos pueblos. Desde aquí podemos caminar cómodamente a lo largo de la cresta, con unas fantásticas vistas de la montaña y el valle. A la altura de Tavascan, la última localidad con instalaciones turísticas, el valle principal se ramifica. Hacia el norte la carretera continúa hasta la Pleta del Prat, con unos 1.700 m de altura y el único telesquí de toda la región. Aquí comienza la ruta por la inofensiva montaña panorámica de Campirme, desde la que se ofrece un fascinante espectáculo montañoso. Gracias a la carretera el acceso no resulta tan fatigoso, al contrario de lo que sucede con la pista a lo largo del río Noguera de Lladorre, que explora los maravillosos lagos situados al pie de la cresta limítrofe. Esta pista –actualmente bastante accidentada y además cerrada a mitad del recorrido– nos obliga a hacer una marcha a pie pasando una noche en el refugio hasta el lago más grande de los Pirineos, el Estany de Certascan. Enmarcado por una espléndida cadena montañosa sobre la que se alza el Pic de Certascan (fácil de subir), el gigantesco lago de montaña está desgraciadamente fuera del alcance de las rutas de un día sin complicaciones.

23

Estany del Diable, 2.320 m, y Pic de Campirme, 2.631 m

5.45 h

Montaña panorámica con una parada intermedia en el »lago del diablo«

Tanto en verano como en invierno, el Estany del Diable y el Pic de Campirme son un destino excursionista muy popular e interesante. Mientras que el pequeño »lago del diablo« está protegido casi por completo por bonitas cadenas montañosas con una altura moderada, el Pic de Campirme está libre por todos sus costados y ofrece una excelente panorámica.

Lugar de referencia: Tavascan, 1.120 m.
Punto de inicio: Refugi de la Pleta del Prat, 1.720 m. Desde Tavascan por la carretera hacia la »Estació d'esqui/Pleta del Prat«.
Desnivel: 910 m.
Dificultad: Ruta larga sin demasiada dificultad.

Señalización: Roja; marcas en piedras.
Dónde comer: Refugi de la Pleta del Prat.
Mapa: Ed. ALPINA: Pica d'Estats – Mont Roig, 1:25.000.
Observaciones: Incluso sin la ascensión al Pic de Campirme, la ruta merece la pena por el paisaje.

Junto al **Refugi de la Pleta del Prat** comienza una antigua pista con indicadores de nuestros objetivos. Seguimos por ella unos minutos hasta un gran letrero de madera, donde continuamos a la derecha por el sendero que se desvía. Este enseguida sube por las laderas densamente pobladas, siempre a la derecha del Torrent de Mascarida. De vez en cuando el camino queda algo cubierto por la densa vegetación, pero pronto volvemos a reconocerlo. El camino se acerca al arroyo, se mantiene allí un rato, gira hacia el suroes-

te y sube por una ladera poblada de rosas alpinas. Por detrás aparece de nuevo el arroyo del valle; nuestro camino prosigue a su derecha y llega con una cómoda pendiente a un tramo llano del valle, en el que pasamos por delante de las ruinas de varios refugios y de un abrigo de pastores que sigue intacto (2.150 m). El camino vuelve a subir y supera la terraza de valle situada ante nosotros haciendo algunas curvas al final que acaban junto al **Estany del Diable** (2.320 m), que emerge en el último segundo.

Junto al lago cruzamos la desembocadura. Al sureste puede verse con claridad el pequeño collado cubierto de hierba hacia el que ahora subimos. Tomamos la senda que atraviesa la

Estany del Diable.

ladera con pastos y, aunque esta se pierde rápidamente, nos guiamos por las señalizaciones con rayas rojas hechas en la piedra. Enseguida nos encontramos de nuevo con el rastro de la senda y, a continuación, con un destacado camino en zigzag que sube hasta el collado. Continuamos a la derecha por la ancha loma en dirección sur-suroeste (también podemos mantenernos al borde de las empinadas pendientes orientadas hacia el lago) dirigiéndonos hacia la prolongada altura de la cresta. Allí ponemos rumbo hacia el sur con vistas a la cumbre, que se identifica fácilmente gracias a un punto geodésico. A la altura de un muro y un pequeño refugio derrumbados llegamos al **Pic de Campirme**, 2.631 m.

Estanys de Sottlo, 2.345 m, y d'Estats, 2.465 m

Ante el escenario de alta montaña de la Pica d'Estats

Pica d'Estats: la montaña más alta de Cataluña rodeada de su correspondiente mito. No subimos hasta ella, sino que nos acercamos al macizo y llegamos hasta el lago homónimo, sobre el que la imponente pared sur se alza más de 500 m. Esta bonita y variada ruta sigue el itinerario habitual para el ascenso.

Lugar de referencia: Àreu, 1.230 m.
Punto de inicio: Aparcamiento en la Vall Ferrera, 1.790 m. Desde Àreu aprox. 10,5 km por la accidentada pista hacia la Vall Ferrera hasta el aparcamiento junto a la barrera antes del Pla de Boet.
Desnivel: 675 m.

Dificultad: Ruta larga y exigente en cuanto a forma física.
Señalización: Marcas en piedras.
Dónde comer: En ningún sitio durante el camino; Refugi de Vallferrera.
Mapa: Ed. ALPINA: Pica d'Estats – Mont Roig, 1:25.000.

Primavera en el Barranc de Sottlo.

Desde el **aparcamiento** de la **Vall Ferrera** caminamos un par de pasos por la pista y a continuación torcemos a la izquierda por el sendero que conduce al cercano **Refugi de Vallferrera**, 1.905 m. Antes del refugio, el camino señalizado con »Pica d'Estats« sube fuertemente por la ladera en dirección norte (aproximadamente), en la siguiente bifurcación del camino nos mantenemos a la izquierda (a la derecha se va al Estany d'Areste). Nuestro camino gira inmediatamente hacia el noroeste y se mantiene un rato en dirección a la salida del valle con unas vistas privilegiadas de la Vall Ferrera antes de torcer hacia el valle del Barranc de Sottlo. Caminamos por encima del valle y finalmente cruzamos el arroyo por una pasarela de madera (2.110 m). Cerca del arroyo, el camino se dirige hacia un escalón rocoso con bonitas cascadas. El valle situado ante nosotros está dividido en varios tramos por pequeños niveles intermedios que ahora superamos sin problema por nuestro camino hasta llegar a una última pendiente de la

ladera después de un gran indicador, que nos lleva al **Estany de Sottlo**, 2.345 m, situado delante de la majestuosa fachada de la Pica d'Estats. Continuamos por la orilla izquierda del lago y después, en dirección noreste, subimos la siguiente terraza del valle hasta el **Estany d'Estats**, 2.465 m. Desde aquí se nos presenta la solemne fachada de la Pica d'Estats.

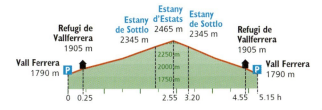

Camino panorámico por un puerto que limita con Francia

Una placentera ruta por excelencia: verdes praderas de montaña con alegres arroyos, un circo de alta montaña ribeteado por cumbres de marcadas formas, un puerto suave con bonitas vistas y un agradable camino en un rincón poco conocido de la Vall Ferrera. Y como glorioso final, el desafiante ascenso a la cumbre rojiza de la Pica Roja, en la frontera con Andorra.

Lugar de referencia: Àreu: 1.230 m.
Punto de inicio: Aparcamiento en la Vall Ferrera, 1.790 m. Desde Àreu aprox. 10,5 km por la accidentada pista hacia la Vall Ferrera hasta el aparcamiento junto a la barrera antes del Pla de Boet.
Desnivel: 720 m.
Dificultad: Ruta sencilla con pendientes moderadas.
Señalización: HRP (rojo y blanco); marcas en piedras.
Dónde comer: En ningún sitio durante el camino; Refugi de Vallferrera (véase la

ruta 24).
Mapa: Ed. ALPINA: Pica d'Estats – Mont Roig, 1:25.000.
Variante: Pica Roja, 2.903 m. Excelente montaña panorámica. El ascenso se realiza por la cresta limítrofe en dirección noroeste alternando una pendiente fuerte con tramos más escarpados. En condiciones normales no supone ninguna dificultad técnica extraordinaria, pero con 400 metros verticales más exige mucha forma física. Duración desde y hasta el Port de Boet: 2½ h.

En el aparcamiento de la **Vall Ferrera** nos mantenemos por detrás de la barrera siguiendo por la pista hacia el Pla de Boet, una verde altiplanicie con numerosos arroyos e islas de árboles y un impresionante escenario montañoso como telón de fondo. Junto al indicador al »Port de Boet« salimos de la pista a la izquierda y cruzamos la llanura del valle en dirección a la **Cabana de Boet**, 1.871 m. A partir de aquí, el bien señalizado camino cruza las

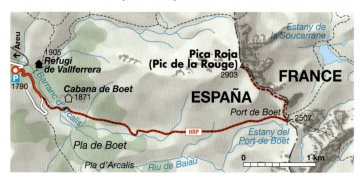

Pla de Boet: idílica llanura al final de la Vall de Ferrera.

laderas de la parte sur subiendo cómodamente; abajo a la derecha se encuentra el Barranc d'Arcalis. El camino mantiene todo el rato la dirección este. Al sureste, la llamativa forma piramidal del Pic dels Lavans atrae todas las miradas; se trata de una de las montañas más bellas de Cataluña. A medida que nos aproximamos al collado las laderas se suavizan. Subiendo tranquilamente pasamos el pequeño Estany del Port de Boet y poco después estamos en el **Port de Boet**, 2.507 m.

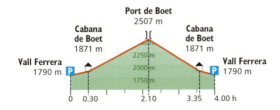

Lagos de alta montaña en la frontera con Andorra

La romántica llanura del valle del Pla de Boet es el punto de inicio para una cautivadora ruta de gran variedad paisajística hasta el final más meridional de la Vall Ferrera. El Circ de Baiau –formado por glaciares– con sus bonitos lagos está rodeado por una impresionante fachada montañosa que lo aísla de la vecina Andorra. Dos elevados puertos permiten llegar hasta allí; por el GR-11 propuesto en la variante incluso podemos conocer la cumbre más alta de Andorra si pernoctamos en el Refugi de Baiau.

Lugar de referencia: Àreu, 1.230 m.
Punto de inicio: Aparcamiento en la Vall Ferrera, 1.790 m. Para llegar, véase la ruta 24.
Desnivel: 730 m.
Dificultad: Breves tramos más empinados; sin dificultad técnica.
Señalización: GR-11.
Dónde comer: En ningún sitio durante el camino; Ref. de Vallferrera (véase la ruta 24).
Mapa: Ed. ALPINA: Pica d'Estats – Mont Roig, 1:25.000.
Observaciones: El Refugi de Baiau tiene capacidad para 12 personas.
Variante: Ref. de Coma Pedrosa en Andorra, 2.267 m. Desde el Ref. de Baiau bajamos en dirección este hasta la parte norte del lago. Aquí no hay que seguir los hitos del GR-11.1, sino continuar un poco por la orilla oriental del lago. El GR-11 traza un pliegue cerrado hacia el este y sube fuertemente por la ladera. Más arriba, en dirección sureste, la pendiente se modera; después el camino vuelve a trazar zetas subiendo fuertemente y arriba sube empinado hasta el puerto entre el Pic de Baiau y la Agulla de Baiau. En la **Portella de Baiau**, 2.757 m, el Pic de Coma Pedrosa, la cumbre más alta de Andorra, se encuentra justo en frente; debajo se halla el Estany Negre en un abrupto circo. Ahora el camino baja con fuerza y se dirige directamente al »lago negro«, en cuyo extremo sur se une al camino de ascenso al Pic de Coma Pedrosa. A partir de aquí seguimos la descripción de la ruta 28. Ascenso: aprox. 300 m, descenso: aprox. 530 m. Duración 3 h.

Desde el aparcamiento de la **Vall Ferrera** vamos por la pista hasta el Pla de Boet, donde un letrero también nos indica el Circ de Baiau. Un par de pasos más adelante nuestro sendero GR gira a la izquierda de la pista, se mantiene por las laderas con prados cubiertos de flores por encima de la llanura del valle y a continuación sube rápidamente hasta el **Pla d'Arcalís**, 2.010 m. Ahora caminamos cerca del arroyo por el terreno con pinos y abedules; después el camino vuelve a subir por las boscosas laderas. Nos acercamos de nuevo al arroyo y atravesamos pequeños y atractivos valles hasta una boca del valle que cruzan las ramificaciones en forma de meandros del **Barranc de la Coma de l'Orri**, 2.150 m. Cruzamos el arroyo y rodeamos el Pic d'Ascorbes, que se extiende hacia el norte y detrás de cuyas estribaciones el camino gira hacia el valle de Baiau. Acto seguido vamos por encima del fondo del valle –la inclinación va cambiando cómodamente– a través de las laderas y por suaves colinas; al final del valle, a

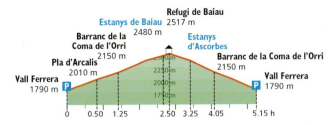

los pies del circo de montaña, pronto se ve el Ref. de Baiau sobre una cúpula de roca. A la altura de los **Estanys d'Ascorbes**, 2.380 m, llegamos a un terreno con pastos, cruzamos el arroyo de la desembocadura y nos mantenemos a la izquierda de los lagos. Subiendo de nuevo con más pendiente, nuestro camino se dirige hacia el arroyo que sale de los Estanys de Baiau, aumenta la inclinación y supera el umbral del valle. En el menor de los **Estanys de Baiau**, 2.480 m, cruzamos el arroyo de la desembocadura. Para llegar al **Ref. de Baiau**, 2.517 m, subimos la colina rocosa; a los pies de esta se accede a la parte norte y occidental del gran lago de Baiau y a la parte oriental se llega por el refugio.

Tranquila excursión a un pueblo de montaña abandonado

El aislado Besan sirve como ejemplo de la suerte de muchos pueblos del Pirineo. Hasta bien entrados los años 70, los habitantes se esforzaron –sin luz eléctrica y comunicados con el valle principal tan solo por un camino de arrieros– por vivir de aquello que les daba la tierra. El pueblo, actualmente abandonado y desmoronándose poco a poco, crea un contradictorio contraste con su bonito entorno. La cercana ermita de St. Miquel, por la que pasamos durante la ruta, es un atractivo lugar para hacer un picnic durante una cálida tarde de verano.

Lugar de referencia: Alins, 1.040 m.
Punto de inicio: Bordes de Felip, 950 m. La masía está situada en la L-510 a la altura del km 5 desde Llavorsí en dirección a Alins. Aparcar junto al antiguo indicador de la carretera »Besan 0,8 km«.
Desnivel: 290 m.
Dificultad: Ruta corta y sencilla por un antiguo camino de arrieros.

Señalización: Azul y naranja (algo estropeada).
Dónde comer: En ningún sitio durante el camino; Alins.
Mapa: Ninguna recomendación.
Observaciones: Tenga consideración con los habitantes; utilice solo el camino que aquí se describe y no el que atraviesa el terreno de la masía.

Junto a las **Bordes de Felip** seguimos el gran indicador »Sant Miquel« y vamos por la antigua carretera abandonada en dirección a la canalización de agua. Un poco antes, un sendero se aparta dando media vuelta y discurre por las laderas con encinas hasta que se une al camino de arrieros procedente de la izquierda.

Con señalización de colores a partir de aquí, la senda, hábilmente trazada y afirmada, sube por la empinada ladera por encima del valle y finalmente desemboca en los bancales con hierba de la ladera, en los que la señalización se pierde un poco. Subimos directamente por los bancales hasta un letrero que indica que Besan está a la izquierda; a la derecha hacemos una escapada a la ermita. La estrecha senda en dirección noreste llega en pocos minutos a la **Ermita St. Miquel**, 1.200 m, desde donde ya se ven los tejados de Besan.

De regreso al letrero seguimos la dirección indicada y nos encontramos con un sombrío camino que baja al arroyo del valle y llega hasta una pasarela de madera que nos conduce a **Besan**, 1.160 m.

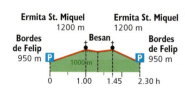

Ermita St. Miquel.

Andorra

Estrecha, ruidosa, mal construida y saturada de tráfico: una breve visita al paraíso consumista libre de impuestos situado entre España y Francia apenas nos deja otra impresión. La densa población del Principado se concentra en el valle principal a lo largo del Riu Valira d'Orient, que es la conexión entre España y Francia. Aquí una población sucede a la otra; por el contrario, también podría decirse que la capital, Andorra la Vella, se prolonga cada vez más por el angosto valle. ¿Es Andorra un paraíso para practicar senderismo? La pregunta merece un sí rotundo, ya que de la carretera de tránsito se desvían directamente apacibles valles sin edificaciones que conducen a las regiones montañosas más espléndidas. Quien a la altura de Soldeu gire hacia la Vall d'Incles o la Vall de Ransol, tendrá justo delante de sus ojos el marcado contraste entre el activo eje principal de Andorra y el variado encanto de su paisaje montañoso. Esto ya puede percibirse en el valle principal occidental, a lo largo del Riu Valira del Nord, donde al norte de Ordino las poblaciones son más pequeñas y tranquilas y después de unos kilómetros se presentan las escenas montañosas más impresionantes con una calma y una soledad inesperadas.

En la Vall de Madriu (ruta 37) ...

... Andorra esconde solitarias y magníficas regiones de montaña.

En Andorra las distancias se indican con precisión, hasta la cifra detrás de la coma. Con una superficie de tan solo 464 km², Andorra reúne toda la diversidad de los paisajes pirenaicos en el mínimo espacio. Como si de un concentrado se tratara, este Principado alberga valles largos y profundos, como la Vall de Madriu, grandiosos circos de montaña, como el Circ dels Pessons, y cumbres despejadas, como el Pic de la Serrera, sin olvidarnos de los encantadores lagos de montaña y arroyos. Por supuesto, aquí también hay estaciones de esquí que regalan a Andorra un sustancioso turismo de invierno y caracterizan algún que otro punto de la montaña. No obstante, en la mayoría de los casos solamente las rozamos en el punto de inicio de la ruta y volvemos a perderlas rápidamente de vista.

La cima más alta de Andorra es el Pic de Coma Pedrosa (2.942 m) que, a pesar de estar por debajo de la cota de los tres mil, es muy especial para los habitantes del Principado por encontrarse totalmente en territorio andorrano. A los ojos de muchos nativos, este hecho confiere a esta montaña más bien falta de carácter una nota especial que queda subrayada por una amplia vista panorámica de primera clase. Debido a esto, una cumbre con una altura más modesta se considera la montaña panorámica de Andorra por antonomasia: el Pic de Casamanya, situado entre los dos valles de Valira en el centro del país, ofrece unas deslumbrantes vistas de las bonitas y densamente escalonadas cadenas montañosas y hermosos valles del pequeño Estado, que prometen mucha diversión a la hora de practicar senderismo.

28 Refugi, 2.266 m, y Pic de Coma Pedrosa, 2.942 m

8.15 h

Una montaña sin mucha personalidad, pero con una cumbre panorámica de primera categoría

Exuberantes prados con flores, alegres cascadas y densos bosques nos acompañan durante el ascenso por el valle del Riu de Coma Pedrosa, que hasta la construcción del refugio fue uno de los más vírgenes del entorno. Desde el refugio subimos a la montaña más alta del Principado, a la que los andorranos le dan mucho bombo porque no tienen que compartirla con ningún vecino. Pero el punto decisivo es la magnífica y amplia panorámica en todas las direcciones. La ruta se puede dividir cómodamente si pernoctamos en el refugio.

Lugar de referencia: Arinsal, 1.480 m.
Punto de inicio: Arinsal, pequeño aparcamiento junto al Torrent Ribal, 1.580 m. En Arinsal primero en dirección a la Estació d'Esqui d'Arinsal, junto a la desviación a la estación de esquí, por todo recto por un túnel hasta el final de la carretera, junto al canalizado Torrent Ribal.
Desnivel: 1.365 m.

Dificultad: Resistencia y buena forma física. Ascenso por una cresta con tramos escarpados.
Señalización: GR-11; amarilla y marcas en piedras.
Dónde comer: Refugio de Coma Pedrosa; Arinsal.
Mapa: Ed. ALPINA: Andorra, 1:40.000.
Combinación de rutas: Con la ruta 26.

En el aparcamiento de **Arinsal**, tomamos la pista que se aleja inmediatamente del Torrent Ribal después de una curva. Por delante de una barrera seguimos por la pista hasta una curva a la derecha con indicador, donde nuestro sendero se desvía a la izquierda. Este nos conduce hacia el valle del Riu de Coma Pedrosa y sube atravesando el pinar hasta **Aigües Juntes,**

Pic de Coma Pedrosa
2942 m

Basses d'Estany Negre   2590 m   2590 m   Basses d'Estany Negre
Refugi de Coma Pedrosa   Refugi de Coma Pedrosa
2266 m   2266 m

Collet de Coma Pedrosa   2750 m   Collet de Coma Pedrosa
2224 m   2500 m   2224 m
Aigües Juntes   2250 m   Aigües Juntes
1760 m   2000 m   1760 m
1750 m
1580 m   1580 m

0   0.45   2.15   3.20   4.25   5.20   6.15   7.35   8.15 h

1.760 m, la confluencia entre el Riu d'Areny y el arroyo del valle. Cruzamos los dos arroyos uno detrás de otro por los respectivos puentecillos; el camino sube serpenteando ahora con una fuerte inclinación por la parte izquierda del Riu de Coma Pedrosa hacia un terreno más llano, más adelante se perfilan unas bonitas cascadas. Alternando la pendiente el camino atraviesa las laderas, en las que los árboles se van disipando para hacer sitio a una densa vegetación de rododendros. Mientras que la gran cascada desaparece a la derecha de nuestra vista, nuestro camino asciende por un paisaje de arroyos con un exuberante verdor; en una pequeña superficie del valle cruzamos la desembocadura del Estany de les Truites y volvemos a subir con fuerza por la ladera derecha hasta el **Collet de Coma Pedrosa**, 2.224 m, delante de la alargada altiplanicie por la que se extiende el arroyo. El camino que se desvía a la izquierda nos conduce al cercano **Refugi de Coma Pedrosa**, 2.266 m, todo recto se continúa hasta el Pic de Coma Pedrosa. Cuesta abajo hacia el fondo del valle y por delante de un letrero »Estany Negre« cruzamos a la izquierda del arroyo la amplia altiplanicie, ante nosotros se encuentra el abrupto final del valle con el Pic de Sanfonts en el centro y delante, a la derecha, una ancha cascada formada por el Riu d l'Estany. Después de las laderas cubiertas de hierba –suaves al principio– el camino va subiendo y llega a un pequeño valle en el que primero se mantiene a la izquierda del arroyo y luego cambia al otro lado de la ladera del valle, donde sube trazando zetas y más arriba cruza el Riu de l'Estany. Pasando a la derecha por delante de un pequeño lago, el **Basses d'Estany Negre**, 2.590 m, subimos por el siguiente valle, estrecho y lleno de guijarros, hasta la ramificación del camino hacia el Port de Baiau, hacia el que prosigue el GR (véase la ruta 26), y el Pic de Coma Pedrosa. Nuestro destino aparece marcado en amarillo en un bloque rocoso, aquí dejamos el GR hacia la derecha y seguimos el camino señalizado en amarillo que sube por la pendiente con guijarros. Este se eleva sobre el Estany Negre y sube hasta la cresta jorobada y orientada hacia el suroeste de nuestra montaña. Ahora seguimos la línea de la cresta con una pendiente cuya inclinación se va alternando. Después de flanquear a la derecha la cresta y pasar al lado izquierdo, viene un breve sprint final y llegamos al **Pic de Coma Pedrosa**, 2.942 m.

3.15 h

Camino panorámico entre cumbres y lagos

El Circ de Tristaina y los lagos de montaña que este rodea al noroeste de Andorra son el objetivo de esta ruta, que se mantiene en su mayor parte entre el valle y las cumbres. Por las escarpadas laderas de la cadena montañosa discurre un bonito y entretenido camino circular que nos ofrece continuamente nuevas perspectivas de los dos lagos y del circo, dominado por el Pic de Tristaina.

Lugar de referencia: El Serrat, 1.540 m.
Punto de inicio: Coma del Forat, aparcamiento junto a la estación de esquí de Ordino Arcalís, 2.220 m.
Desnivel: 330 m.
Dificultad: En algunas partes hay que subir por roca.
Señalización: Amarilla.
Dónde comer: En ningún sitio durante el camino; restaurante en la estación de esquí.
Mapa: Ed. ALPINA: Andorra, 1:40.000.
Combinación de rutas: Con la ruta 30.

Desde el aparcamiento en la **Coma de Forat** vamos hasta el restaurante »La Coma«, por el que pasamos a la derecha y subimos unos metros hasta un camino que cruza la ladera. Seguimos por este camino a la derecha y subimos hasta un pequeño collado, por detrás del cual se abre el Circ de Tristaina. A la izquierda y por delante de un estanque bajamos hasta el arroyo procedente del **Estany del Mig**, 2.290 m, allí pasamos por encima de las piedras hasta el otro lado y vamos durante un rato por el camino cercano a la orilla. Enseguida cambiamos al sendero señalizado en amarillo, que sube por la ladera de la orilla y se alza por encima del gran Estany de Més Amunt. El camino va en primer lugar a la derecha del arroyo y a continuación –antes de un gran montón de piedras en el otro lado del arroyo– gira hacia la izquierda (señalización en amarillo), cruza el arroyo y se dirige a las laderas que

Circ de Tristaina, a la derecha la cumbre homónima.

se desploman hacia el lago. Allí, subiendo por multitud de curvas, llegamos por encima de la parte norte del **Estany de Més Amunt**, 2.500 m, el punto más alto de la ruta circular. Aquí, subiendo y bajando repetidas veces siempre por encima de rocas y bloques, atravesamos las escarpadas laderas por encima de los lagos. Después de superar una empinada pendiente con rocas en la parte occidental del circo de montaña, pasamos por delante de un pequeño mirador con una torre de piedras a modo de decoración, donde disfrutamos de las imponentes vistas de la depresión lacustre y del circo. A continuación el camino baja constantemente por la ladera y se encuentra cerca del collado con nuestro camino de ida, por el que regresamos al **aparcamiento**.

Cumbre fronteriza con unas magníficas vistas

En el circo de montaña llamado así por él, el Pic de Tristaina es la cumbre más alta y también la más hermosa. Se trata de un destino muy popular, tanto por la parte andorrana como por la francesa, debido al paisaje lacustre situado a sus pies y a la excelente panorámica de la que se disfruta desde arriba. El ascenso por la cresta, que requiere un poco de escalada, está muy bien señalizado, aunque también se le puede quitar algo de hierro evitándola por el flanco de la montaña.

Lugar de referencia: El Serrat, 1.540 m.
Punto de inicio: Coma del Forat, aparcamiento junto a la estación de esquí de Ordino Arcalís, 2.220 m.
Desnivel: 795 m.
Dificultad: Ascenso por el puerto muy empinado; pasajes de escalada sencillos (I) en la zona de la cumbre.
Señalización: Marcas en piedras.
Dónde comer: En ningún sitio durante el camino; restaurante en la estación de esquí.
Mapa: Ed. ALPINA: Andorra, 1:40.000.

Desde el aparcamiento en la **Coma del Forat** seguimos en primer lugar la anterior ruta 29. Sin embargo, en la desviación a la izquierda (señalizada en amarillo) continuamos aproximadamente unos 20 metros a la derecha del arroyo hasta el montón de piedras y acto seguido cruzamos el arroyo (aten-

ción: el camino más marcado que sale de los lagos pequeños situados un poco más altos conduce al Port de l'Arbella). Una senda –al principio discreta, pero enseguida bien visible– señalizada por hitos atraviesa el terreno cubierto de hierba y se dirige en dirección norte-noreste a la brecha situada a la derecha por debajo del Pic de Tristaina. A continuación sube por la abrupta y cada vez más empinada ladera – las marcas en las piedras compensan los tramos del camino poco claros; también nos guían por un breve campo de bloques– y se acerca a la angosta brecha. Junto a un pequeño allanamiento de la ladera del puerto, a unos 30 metros verticales por debajo de la brecha, los hitos

Ascenso al Pic de Tristaina.

señalizan la senda alternativa que sale a la izquierda. Esta va por el flanco del Pic de Tristaina, allí sube –bien batida y señalizada– y llega, a la altura de un gran hito situado unos pasos al oeste de la cumbre, a la cresta llana. Como alternativa subimos hasta el **puerto de Tristaina** (2.694 m), donde nos dirigimos hacia la izquierda, primero rodeamos la cresta cubierta de bloques por la izquierda y a continuación la senda, bien señalizada, se mantiene un rato directamente por la cresta rocosa, vuelve a girar hacia la izquierda y sube por un flanco menos empinado. Allí prosigue casi en línea recta hasta la cresta nivelada de la cumbre, continúa un par de pasos por ella a la izquierda y alcanza el **Pic de Tristaina**, 2.876 m.

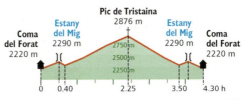

Por el camino fronterizo hacia el »lago azul« francés

El bonito valle del Riu Rialb hace de esta ruta un divertido paseo a lo largo del alegre arroyo que discurre a través de las amplias y verdes laderas del valle. A continuación el ascenso al puerto de Siguer requiere un poco de esfuerzo antes de disfrutar de las magníficas vistas del entorno montañoso de la parte francesa y del Estany Blau, que parece una joya engastada. Dependiendo de la incidencia de la luz, el lago va cambiando su tonalidad azul.

Lugar de referencia: El Serrat, 1.540 m.
Punto de inicio: La Rabassa, 1.780 m, aparcamiento al final de la carretera hacia el valle de Sorteny. La carretera señalizada gira a la derecha un poco por detrás de El Serrat.
Desnivel: 680 m.
Dificultad: Ascenso bastante fuerte hasta el Port de Siguer.
Señalización: Amarilla.
Dónde comer: En ningún sitio durante el camino; El Serrat.
Mapa: Ed. ALPINA: Andorra, 1:40.000.

Justo al principio del aparcamiento de **La Rabassa**, nuestro camino sale a la izquierda del letrero informativo junto al indicador »Portella de Rialb«. En primer lugar atraviesa una sombría área recreativa y después caminamos cómodamente por el lado derecho del arroyo a través del valle, por delante del **Refugi de Rialb** (1.987 m, sin guarda, 10 plazas), situado un poco más alto a la derecha del camino. A continuación cruzamos el arroyo por una pasarela metálica, nos mantenemos brevemente por su parte izquierda y llegamos a una bifurcación del camino, donde una inscripción amarilla en la roca indica »Estany Blau«. Pasamos otra vez al lado derecho por la pasarela de metal y en primer lugar vamos en paralelo al arroyo; antes de la **Cabana dels Planells de Rialb**, 2.080 m, giramos a la derecha. El camino sube por la ladera, pasa por delante y con cierta distancia del refugio de piedra y acto seguido vira hacia la ladera del puerto.

Port de Siguer 2397 m — Port de Siguer 2397 m
Estany Blau 2335 m
Cabana dels Planells de Rialb 2080 m — Refugi de Rialb 1987 m
Refugi de Rialb 1987 m — Cabana dels Planells de Rialb
La Rabassa 1780 m — La Rabassa 1780 m

2250 m
2000 m
1750 m

0   1.00 1.35   2.25 2.55 3.30   4.40   5.30 h

Subimos fuertemente por un camino en zigzag hasta el **Port de Siguer**, 2.397 m, que vigila un gran hito.

Por debajo del puerto y a la derecha se encuentra, aún medio oculto, el Estany Blau. Por el camino señalizado en amarillo, primero un poco hacia abajo, después de una cerca para el ganado llano por la ladera y a continuación de nuevo hacia arriba para superar un saliente, nuestro camino finalmente baja con rapidez y llega a la desembocadura del lago junto a la orilla del **Estany Blau**, 2.335 m. Por la orilla izquierda del lago podemos seguir caminando bien. En el otro lado del arroyo el camino prosigue y nos permite visitar el extremo norte del lago.

Un par de metros por la parte francesa: Estany Blau.

Un valle con flores como los de las postales y una excelente cumbre panorámica

La Vall de Sorteny fue declarada Parque Natural en 1999 gracias a su excepcional riqueza de flores. La ruta a través del valle no solo es una experiencia botánica, sino que también ofrece impresiones de gran belleza paisajística que culminan en la magnífica panorámica desde el Pic de la Serrera. Hay que destacar que este recorrido también merece la pena sin subir a las cumbres.

Lugar de referencia: El Serrat, 1.540 m.
Punto de inicio: La Rabassa, 1.780 m (véase cómo llegar en la ruta 31). Hasta las 10 h se puede transitar por la pista hasta el Portell de Sorteny, 1.880 m.
Desnivel: 1.135 m.
Dificultad: Debido al gran desnivel, es necesario disponer de forma física y resistencia. Ascenso empinado a la cumbre.
Señalización: GRP; amarillo y rojo.
Dónde comer: En ningún sitio durante el camino; El Serrat.
Mapa: Ed. ALPINA: Andorra, 1:40.000.

En el aparcamiento de **La Rabassa** vamos hasta la oficina de información del »Parc Natural de la Vall de Sorteny« y allí tomamos la pista hasta la primera curva a la izquierda. Aquí, o bien torcemos a la derecha por los »Senderos botánicos« (señalizados con siluetas de montaña), que más arriba vuelven a conectar con la pista, o bien seguimos por la pista hasta el **Portell de Sorteny**, 1.880 m. Aquí comienza el sendero a través de un hermoso paisaje con arroyo. Caminamos por delante del camino que se desvía a la derecha hacia el Estany de l'Estanyó (véase la ruta 33) hasta el **Refugi de Sorteny** (1.969 m, sin guarda, 30 plazas) y continuamos a través de las faldas llenas de flores y pinos sueltos. El camino comienza a subir lentamente, a continuación pasa al otro lado del río y, lejos del arroyo, sube enérgicamente serpenteando por la ladera derecha del valle hasta el **Pas de la Serrera**, 2.220 m. Este forma el paso al valle del Riu de la Serrera. Recorremos el en-

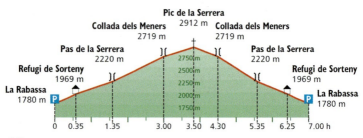

Objetivo conseguido: cumbre del Pic de la Serrera.

cantador valle hasta el pie de las laderas del puerto, donde nuestro camino gira en oblicuo a la izquierda y se convierte en zetas que suben con fuerza. Durante el ascenso podemos examinar bien el macizo y ancho Pic de la Serrera. En la **Collada dels Meners**, 2.719 m (designada allí como Coll de la Mina), dejamos el sendero señalizado en amarillo y rojo que baja al valle de Ransol. Nos dirigimos hacia la izquierda siguiendo una senda visible y nos mantenemos primero a la derecha por debajo de la cresta rocosa y luego por la ancha loma cubierta de hierba. En cuanto esta se vuelve más estrecha y rocosa, la pendiente se acentúa y nuestra senda traza curvas cerradas y sube empinada hasta el nivelado **Pic de la Serrera**, 2.912 m.

Un apacible lago en un gran entorno montañoso

El lago, con una bonita ubicación a los pies del Pic de l'Estanyó, la segunda montaña más alta de Andorra, es un lugar ideal para descansar y bañarse después de una divertida ruta por prados con flores, bosquecillos y suaves faldas con pastos.

Lugar de referencia: El Serrat, 1.540 m.
Punto de inicio: La Rabassa, 1.780 m.
Véase cómo llegar en la ruta 31.
Desnivel: 560 m.
Dificultad: Ruta sencilla.

Señalización: Amarilla.
Dónde comer: En ningún sitio durante el camino; El Serrat.
Mapa: Ed. ALPINA: Andorra, 1:40.000.
Combinación de rutas: Con la ruta 32.

Desde el aparcamiento de **La Rabassa** hasta la bifurcación señalizada del camino al Estany de l'Estanyó seguimos la ante-

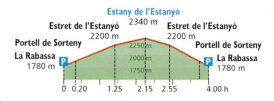

rior ruta 32. Torcemos a la derecha y cruzamos el arroyo del valle por un puentecillo. Con una pendiente cambiante, nuestro camino atraviesa exuberantes praderas con flores, pinos y abedules sueltos y densas faldas con rododendros antes de llegar a laderas despejadas y suavemente ondula-

Nuestro destino: el Estany de Estanyó.

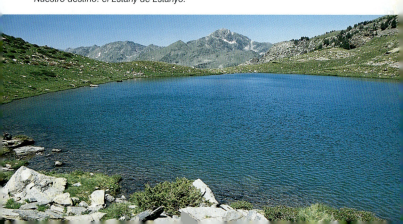

Al pie de la cadena montañosa se esconde el lago de Estanyó.

das. Al sur se perfila el bonito final del valle de la Serra de l'Estanyó. Nos acercamos al arroyo del valle y llegamos por su parte derecha a un pequeño y angosto paso, el **Estret de l'Estanyó**, 2.200 m, con un muro transversal que podemos pasar por una verja o por encima.

Después comienza un amplio terreno con pastos en el que nuestro camino se vuelve a separar del arroyo y sube lentamente hasta una altiplanicie con praderas que atraviesa hacia el sur. Tras cruzar un arroyo, el camino sube de nuevo ligeramente, asciende por la ladera y llega al **Estany de l'Estanyó**, 2.340 m.

La »montaña mágica« de Andorra

Situada en el centro del país y con una panorámica hacia todas las partes que durante el ascenso se abre cada vez más hasta el punto culminante de la cima, una elevación como el Pic de Casamanya probablemente se consideraría una »montaña mágica« en un país sudamericano. Algo parecido sucede en Andorra; en cualquier caso, la subida a esta montaña panorámica es obligatoria.

Lugar de referencia: Ordino, 1.295 m.
Punto de inicio: Coll d'Ordino, 1.983 m. Al puerto se puede llegar desde Ordino o desde Canillo.
Desnivel: 760 m.
Dificultad: Esta ruta no presenta ningu-na dificultad técnica, pero cuenta con tramos de fuerte pendiente.
Señalización: Amarilla.
Dónde comer: En ningún sitio durante el camino; Ordino; Canillo.
Mapa: Ed. ALPINA: Andorra, 1:40.000.

En el **Coll d'Ordino** el gran cartel de madera »Casamanya« nos indica el sendero que enseguida se adentra en el pinar. Al principio subiendo con una fuerte pendiente que pronto se modera, el camino atraviesa el sombrío bosque. Dejamos a un lado un camino hacia la derecha y poco después llegamos al claro en la ladera de la **Collada de les Vaques**, 2.107 m. A continuación volvemos a ir por un bosquecillo y acto seguido comienza un terreno completamente despejado. La alargada y accidentada cresta sur del Casamanya se divisa bien. Nuestro camino sigue ahora la línea de la cresta. A un tramo con una cómoda pendiente le sigue una cima más escarpada con zetas que suben enérgicamente, luego el camino se allana de nuevo y sube a través de la suave elevación de la cumbre directamente hasta el **Pic de Casamanya**, 2.740 m, donde se abre una magnífica panorámica.

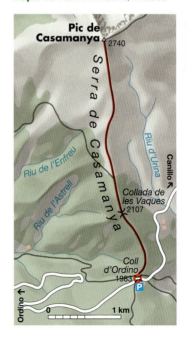

Por el camino de regreso desde la cumbre.

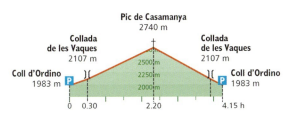

Pic de Casamanya
2740 m

Collada
de les Vaques
2107 m

Collada
de les Vaques
2107 m

Coll d'Ordino
1983 m

Coll d'Ordino
1983 m

2500 m
2250 m
2000 m

0   0.30   2.20   4.15 h

Por el famoso valle de Juclar hacia la cumbre más destacada de Andorra

La Vall d'Incles es un oasis de paz dentro del ruidoso valle principal de Andorra. Aquí comienza nuestra ruta a lo largo del Riu de Juclar por el valle densamente poblado de árboles que sube hasta los Estanys de Juclar, situados en una depresión de gneis excavada por glaciares. El menor de los dos lagos al pie del afilado Pic d'Escobes es una bonita parada intermedia durante el recorrido, en cuya segunda mitad subimos por el Coll de l'Alba al Pic d'Escobes. La cumbre es un distinguido mirador.

Lugar de referencia: Soldeu, 1.820 m.
Punto de inicio: Pont de la Baladosa, 1.850 m, al final de la carretera hacia la Vall d'Incles. Aparcamiento antes del puente.
Desnivel: 930 m.
Dificultad: Ruta exigente técnicamente

con pasajes muy empinados y partes de escalada (I-II) en la zona de la cumbre.
Señalización: HRP; amarilla y marcas de piedras.
Dónde comer: En ningún sitio durante el camino; bar en el camping de Incles.
Mapa: Ed. ALPINA: Andorra, 1:40.000.

Cruzamos el **Pont de la Baladosa** y caminamos por la pista siguiente, por delante del camino que se desvía a la derecha hacia las Basses del Siscaró. La pista acaba junto a un puentecillo sobre el arroyo, 1.940 m. Cambiamos al otro lado y pasamos por delante del área recreativa. El camino atraviesa las laderas cubiertas de flores y rododendros y supera varias terrazas del valle, entretanto una pasarela de madera conduce al lado derecho del arroyo. Nuestro ascenso desemboca en la **Pleta de Juclar**, 2.240 m, una altipla-

Vall de Juclar.

nicie con hierba recorrida por arroyuelos. Aquí el camino gira a la izquierda y cruza la Pleta, una pasarela de hormigón nos lleva de nuevo al otro lado del arroyo. Cerca de un pozo de roca para regular la desembocadura del lago cruzamos por última vez el cauce del arroyo, normalmente seco. Un poco antes del primer lago el camino se divide: los dos ramales –el izquierdo más tranquilo, el derecho con algo más de pendiente– conducen al pequeño muro de contención del **Estany Primer de Juclar**, 2.280 m. Un poco más tarde torcemos a la derecha, como indica el letrero, y subimos por la ladera con hierba hasta el **Refugi de Juclar**, 2.313 m. Este cómodo refugio de autoabastecimiento tiene capacidad para 30–50 personas. Desde aquí nuestro camino nos lleva por la ladera de la orilla, discurre por encima del lago hasta su extremo oriental y a continuación baja –en algunas partes por terreno cubierto de bloques– hasta la unión por tierra entre los dos lagos, 2.305 m. Llegamos a la parte occidental del Estany Segon de Juclar, donde

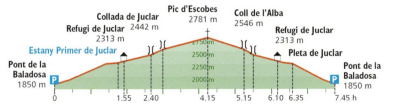

119

Llegamos a nuestro destino: Pic d'Escobes.

cruzamos el arroyo de la desembocadura por una pasarela metálica; ahora el camino sube enérgicamente por la falda de la orilla, se aleja del lago y discurre en dirección norte por la **Collada de Juclar**, 2.442 m. La collada ofrece una bonita retrospectiva de los lagos. Trazando una curva cerrada a la derecha subimos por un terreno pedregoso –al principio la pendiente es fuerte, pero luego se nivela– hasta el cercano **Coll de l'Alba**, 2.546 m, desde el cual el camino pasa a la parte francesa.

Para el ascenso al Pic d'Escobes nos dirigimos hacia el sur y seguimos las marcas en las piedras y los rastros de senda, que primero se dirigen hacia la cresta que sube empinada desde el collado, pero después, subiendo transversalmente con medio giro a la derecha, conducen a un largo canal con hierba que baja desde el Coll de Noé. El pequeño »collado« sobre la cresta con bloques puede reconocerse por una destacada placa de roca que desde abajo se asemeja a una chimenea torcida. El ascenso por este canal es muy escarpado y requiere prestar atención a las partes con hierba resbaladizas (¡durante el regreso!). Hasta llegar al collado el terreno es rocoso. Cuando llegamos arriba tomamos la senda a la derecha en oblicuo por la ladera y pasamos a un estrecho collado al pie del Pic d'Escobes. Aquí aún nos espera un tramo de escalada a lo largo de la cresta, a continuación entramos en la cumbre aérea del **Pic d'Escobes**, 2.781 m.

Al fondo nos vemos tentados por el diente rocoso inclinado del Pic d'Escobes.